Adult Spanish - PORTR-VAL
871.04 OPSOP
Opsopaỳus, Vincentius
El arte de beber : un manual d
33410018101594   04-29-2022

El arte de beber

Vincent Obsopoeo

El arte de beber

Un manual de sabiduría atemporal
sobre el arte de embriagarse

Título original: How to drink
© Princeton University Press, 2020
© de la traducción del inglés y del latín, Jacinto Pariente, 2021
© Ediciones Koan, s.l., 2021
c/ Mar Tirrena, 5, 08912 Badalona
www.koanlibros.com • info@koanlibros.com
ISBN: 978-84-18223-40-2 • Depósito legal: B-15475-2021
Diseño de cubiertas de colección: Claudia Burbano de Lara
Maquetación: Cuqui Puig
Impresión y encuadernación: Liberdúplex
Impreso en España / Printed in Spain

Todos los derechos reservados.
Cualquier forma de reproducción, distribución, comunicación
pública o transformación de esta obra solo puede ser realizada
con la autorización de sus titulares, salvo excepción prevista
por la ley. Diríjase a CEDRO (Centro Español de Derechos
Reprográficos, www.cedro.org) si necesita fotocopiar
o escanear algún fragmento de esta obra.

1ª edición, noviembre de 2021

Para Alyssa, Justine, Ming Yi, Dan y Gene
MECUM ET AVERNA PETISTIS IBIQUE FALERNA BIBISTIS

ÍNDICE

Agradecimientos xi
Introducción xiii
Nota sobre las Notas xxxiii
Una guía rápida para leer El arte de beber xxxv

EL ARTE DE BEBER

Libro 1. El arte de beber de manera prolongada
    y con discernimiento 5
Libro 2. Beber en exceso. El aspecto
    de los alcohólicos. 63
Libro 3. Cómo vencer en las batallas de vino 125

Notas 179
Bibliografía 191

AGRADECIMIENTOS

«La mente no dura mucho si no se le dan descansos regulares»

(1:219-220)

Este libro ha sido una juerga y es mucha la gente a la que debo una copa por ayudarme a sacarlo a la luz: a Rob Tempio por aceptarlo, a Justine Vanden Heuvel y Ming-Yi Chou por educarme en las artes del vino, a los amigos que lo han bebido conmigo y al equipo del gimnasio FLX Fitclub por ayudarme a sudarlo después. Lucy Plowe es la autora de la hermosa ilustración de vasijas griegas y romanas; Julia Hejduk y Sophia Evans depuraron la traducción y Kim Hastings le dio equilibrio. Les agradezco su generosidad. En los últimos años

George Thomas, que escribe con el pseudónimo de Quintus Curtius, ha establecido calladamente un valioso paradigma de traducción. Espero que le plazca esta traducción y le agradezco los consejos y ánimos.

También debo mencionar aquí especialmente a mis padres. Durante mi juventud en las afueras de Nueva Orleans me empapé de su filosofía neorleanesa, una visión del mundo carnavalesca que aclama a Como y maldice a Momo. Veinticinco años después, el puritanismo del resto de Estados Unidos me sigue siendo completamente ajeno. Les agradezco ese mejor sentido del equilibrio.

THE FINGER LAKE AVA
Ithaca, Nueva York

INTRODUCCIÓN

Estados Unidos tiene un problema con la bebida. Chupitos. Copas de un solo trago. Concursos de bebida. *Frat Culture*. *Bro Culture*. Vomitonas. Desmayos. Vueltas a casa al volante.

En griego antiguo la ebriedad autodestructiva se denomina *methes*, *ebrietas* en latín, alcoholismo en la actualidad. La última etiqueta es *trastorno por consumo de alcohol*. Según el Instituto Nacional sobre el Abuso del Alcohol y Alcoholismo (NIAAA, por sus siglas en inglés), dieciséis millones de personas lo sufren en Estados Unidos (más del 6 % de la población), de las cuales más del 90% no recibe tratamiento. Fracasó la moderación, fracasaron las prohibiciones, y así estamos.[1]

Y esto es así no es solo en Estados Unidos. La cultura de la borrachera (*Binge culture*, en inglés) se ha extendido por todo el mundo. Muchos la consideran una importación de los Estados Unidos, aunque eso no es del todo correcto. La gente siempre se ha emborrachado y ha sufrido las consecuencias. En la antigua Roma era costumbre añadir una tercera parte de agua al vino (*merum*) para autocontrolarse. No todo el mundo lo hacía. En palabras de Séneca,

> Hoy en día las mujeres disfrutan de las mismas libertades que los hombres, y sufren también de los mismos problemas. Se retiran igual de tarde, beben igual cantidad que ellos, desafían a los hombres a combates de lucha libre y a competiciones de beber alcohol (*merum*), y sus estómagos igualmente descompuestos vomitan igualmente el vino.[2]

A pesar de todo, la cultura de la borrachera y la *Bro culture* eran en gran medida desconocidas en el mundo grecorromano. El concepto de que beber mucho alcohol es señal de hombría apareció en la Alemania del siglo xv y se expandió como un virus en el xvi.

Repito: la cultura de la borrachera y la *Bro culture*, tan conocidas por los estadounidenses, no aparecieron en la Grecia clásica o en Roma, sino en Alemania hace quinientos años. Las Cruzadas habían terminado, la economía estaba cambiando y la vida de los caballeros del mundo medieval carecía de propósito, de modo que recurrieron al vino para llenar el vacío. Las justas cedieron el sitio a los concursos de consumo de alcohol. Dado que la extensión de los viñedos en Alemania era cuatro veces superior a la actual y el consumo per cápita, seis veces superior, dejarse llevar era fácil:

> En el siglo xv los alemanes bebían más de 120 litros de vino por cabeza al año. La ración diaria de vino de un paciente de hospital (y de un médico) era de siete litros al día. Se dice que en el ámbito cle-

rical la abstinencia descartaba cualquier posibilidad de ascenso.[3]

Este es el mundo empapado en vino que conocía Vincent Obsopoeo. Cuando publicó *El arte de beber* ya había desempeñado durante ocho años el cargo de rector de una institución de enseñanza de élite en Ansbach, al sur de Wurzbugo y de la región vitivinícola de Franconia. Inspirado por *El arte de amar* de Ovidio, se propuso la composición de un manual de enseñanza del «arte» de beber con responsabilidad, de manera prolongada y con criterio. Su intención era que los jóvenes se enmendaran y contrajeran matrimonio. Al igual que Ovidio, quería elaborar un método completo de canalización de las energías primarias que normalmente se consideran ingobernables. El resultado fue un antídoto para el desorden y una obra clásica.

Hoy en día, el antónimo de *promiscuidad* no es *celibato* sino *monogamia*. En *El arte de beber*, Obsopoeo recomienda una actitud análoga ante el alcohol. Para él, el secreto de la sobriedad duradera no es la abstinencia sino la moderación. Los lectores familiarizados solo con el enfoque de Alcohólicos Anónimos en la gestión de la adicción, quedarán muy sorprendidos.

Obsopoeo escribió *El arte de beber* en compañía de los cultivados monjes de la abadía de Heilsbronn de Ansbach, donde un antiguo *sommelier* llamado Sebastian Hamaxurgus escribió una pequeña reseña poética que Obsopoeo colocó en la portada. En ella el monje célibe señala el parecido del poema con *El arte de amar* de Ovidio:

> En efecto, Ovidio se lució al dictar las leyes del amor,
> de modo que un arte rigiera su demente locura.
> Sin embargo, de mayor lucimiento son las enseñanzas de Vincent,
> que establecen un límite claro siempre vigente en el arte de beber.

Así, mientras que el amar está prohibido, el
>   beber es un placer
> que al darle normas se convierte en virtud.

La sagacidad de Hamaxurgus no debe sorprendernos, dado que *El arte de beber* contiene al menos media docena de alusiones a la obra de Ovidio. Lo que la analogía del exégeta no dice es que mientras el poema romano es irónico, la obra de Obsopoeo es completamente seria. Mientras que la mayoría de los lectores saben que en realidad Ovidio no dice lo que dice, la sinceridad de la intención moral de Obsopoeo está más allá de toda duda.[4] Su obra muestra el nacimiento de una nueva y tóxica cultura caracterizada por las novatadas, la presión de grupo y el consumo competitivo de alcohol. En el libro 2 incluso se alude a lo que hoy denominamos *masculinidad tóxica* (Ver 2:196-197 y 2:443-456).

Al advertirnos de los cantos de sirena del beber en exceso, los dos primeros libros de *El arte de beber* no tratan de enseñarnos la abstinencia, sino ofrecernos una forma de controlar el consumo de alcohol, hacer amigos, impresionar a los invitados en las fiestas y desarrollar nuestro potencial. En el tercer libro, Obsopoeo se quita la máscara y, recurriendo a su amplia experiencia, nos enseña cómo ganar a los juegos de beber.

Obsopoeo publicó *El arte de beber* en 1536. Al año siguiente apareció una edición ampliada de la obra. Aunque tuvo buena acogida, la Iglesia no tardó en incluirlo en su lista de libros prohibidos. Como se ha dicho antes, la presente traducción es la tercera edición del poema y la primera en español.

VINCENT OBSOPOEO, *POETA METÓDICO:*

> Su *Arte de beber* ofrece un método que descubrió para embriagarse con honor.
> CALIXUS FONTANUS

Obsopoeo nació en 1498, en un pueblo de Heideck, a unos cincuenta kilómetros de Núremberg.

Injustamente, nunca se le ha incluido en la lista de los grandes poetas. Vivió la época de la Reforma, en la que desempeñó un pequeño papel. Su alias humanístico, *obsopoeus*, indica que su padre fue un cocinero (del griego *opsopoiós*, *Koch* en alemán) de cierta fama local. Su hermano, Michael Obsopoeo, fue predicador en Baviera y pasó seis años en un convento en prisión, sin que esté muy claro de qué se le acusaba. En 1532, Vincent se casó con Margaretha Herzog de Núremberg, y seis o siete años después escribiría una conmovedora nota a pie de página acerca de ella:

> Juro que no hay nada más dulce, agradable y preciado que mi esposa. Ojalá nunca cambiemos. Incluso si vivimos más años que Néstor y la Sibila de Cumas, espero ser siempre joven a sus ojos y que ella lo sea a los míos.[6]

Sus palabras resultan más conmovedoras aún si tenemos en cuenta que cuando llegaron a la imprenta Obsopoeo había muerto. Había enfermado y fallecido unos meses antes, entre abril y agosto de 1539.[7] La suya fue una vida agitada.

Vincent Obsopoeo tuvo una personalidad difícil y excéntrica y fue un hombre perseguido por enemigos que ni siquiera sabían de su existencia. Tenía sentido del humor, pero era susceptible, testarudo, impetuoso e intolerante; el tipo de persona incapaz de pasar por alto un detalle. Los famosos humanistas a los que consideraba como sus amigos —Philip Melanchthon, Eobanus Hessus, Joachim Camerarius— más que apreciarlo, lo toleraban. Tenía la costumbre de burlarse de los errores y defectos ajenos, y parecía completamente consciente de su comportamiento odioso. En opinión de Camerarius, Obsopoeo *deseaba* enemistarse con los demás; Melanchthon, por su parte, lo califica de caso perdido.[8] El principio de una carta que le dirige Camerarius revela la dinámica de su relación:

¡Para, Obsopoeo! ¡So! ¡Ya basta!, decía mi mente una y otra vez mientras leía tu

carta. Y sin embargo tu carta siguió escupiendo veneno hasta la misma firma.[9]

Otra carta de Camerarius, en la que intenta atajar otras malas costumbres, acabaría siendo la portada de tres reseñas poéticas que escribió para *El arte de beber*.[10]

> Si lo dices en serio y no escuchas consejos sensatos o amistosos, sigue adelante: tú eres el que corre el riesgo. No voy a seguir intentando frenarte, ni a ti ni a tu impulsividad, pero te pido que pienses bien en qué horrible conflicto te estás metiendo. Naturalmente, tú ya lo tendrás meditado.

Es muy posible que Camerarius se refiriera a la publicación de *El arte de beber*. Horacio había afirmado que «Como demuestran sus alabanzas al vino, Homero era un borrachín». En la carta, Camerarius advierte a Obsopoeo que todo el mundo sacará la misma conclusión sobre él:

Te envío los versos que me pediste; desfigura tu libro con ellos cuanto te plazca.[11] Y si finalmente lo publicas, no te será fácil convencer a nadie de la sobriedad de la que presumes. Al fin y al cabo, quién es capaz de contener la risa ante las palabras de Catulo, «un poeta devoto debe ser casto, pero sus poemas no tienen por qué serlo», tan parecidas a las tuyas. Y lo mismo sucede con las de Ovidio, «Creedme, mi carácter es diferente de mi poesía». La gente supone que el discurso evidencia los verdaderos sentimientos. Comprendo que te da igual lo que piensen los demás, así que aquí tienes los versos que me pediste.[12]

El tiempo daría la razón a Camerarius. Antes de su muerte, Obsopoeo había estado trabajando en una traducción de epigramas de la Antología Griega.[13] El libro del que hablábamos antes, que incluye el sentido homenaje a su esposa, se publicó de forma póstuma. En una nota a un epigrama sobre batallas de vino, Obsopoeo disimula un leve arrepentimiento. Había tratado el tema con profundidad en el Libro 3, aunque, igual que sucede con Ovidio, es imposible saber hasta qué punto podemos tomar en serio sus consejos:

> Escribí mucho acerca de ello en *El arte de beber*, y me he enterado de que hay mucha gente que me critica a mis espaldas por publicarlo. Dicen que me he pasado de la raya. Me da igual. A Obsopoeo no le importa. Por mí, que me critiquen y odien hasta que revienten.

Así es el lado oscuro de Obsopoeo. También tiene una parte más luminosa, especialmente cuando habla de su gusto por el vino. Cuando Melanchthon se ofreció a encontrarle trabajo, él replicó que el salario que ofrecían era tan escaso que no le daba «ni para aplacar la sed».[14]

Esta parte luminosa también aparece en una carta a Camerarius fechada el 14 de diciembre de 1536.[15] Camerarius y Obsopoeo habían nacido en Franconia, pero aquel se había trasladado a Tubinga, a orillas del Neckar:

> Tengo muchas ganas de probar tus vinos del Neckar. Los nuestros (los de Franconia, quiero decir) son viriles y potentes. Son culpables de no pocas heridas y asesinatos, sobre todo este año. Hasta ahora siempre creí ser un bebedor de campeonato, capaz de vérmelas con los vinos más fuertes. Este año regreso a la infancia a la segunda copa. El resultado es que a pesar de mis artes de beber, a menudo acabo revolcado por el fango.

Camerarius parece haber sido el único amigo fiel de Obsopoeo, tanto en vida como después de muerto. En un epitafio afirma que su amigo había entrado en el cielo:

> Después de enfermedades y dolores
> lo derrotó la muerte y el destino [...].
> Alégrate, oh, Vincent, de no hollar
> los salones del Hades, porque allí
> no conduce el sendero de la muerte
> al buen hombre. Se encuentra la morada
> de los héroes cristianos más arriba
> de la cumbre dorada del Olimpo.[16]

Cosas del destino, el verano del año siguiente fue el más caluroso de la historia y la cosecha de vino, la mejor de todos los tiempos. 1540 fue tan caluroso que el Rin se secó y el vino fue tan bueno que en Wurzburgo construyeron una barrica conmemorativa para conservar la cosecha.[17] Quizá no fuera una coincidencia:

> Cuando Vincent se fue de este mundo, el cielo lo acogió y hubo presagios vinícolas por Franconia: el sol abrasador de 1540 hizo hervir y secó al Rin y a las vides, y recompensó a Wurzburgo con una cosecha excepcional.

Aunque quizá sí lo fuera. En todo caso, a Obsopoeo le habría encantado.

Disfruten del poema.

SOBRE ESTA EDICIÓN

El arte de beber se publicó por primera vez en 1536. Esa edición es la base de todas las reimpresiones posteriores, de una traducción libre al alemán de 1537 y de una terrible traducción al inglés de 1945.[18] En 1537, el propio Obsopoeo publicó una segunda edición con un texto ampliado, un nuevo prefacio y varios poemas introductorios nuevos, de la que me he servido para la presente traducción, que ofrezco como tercera edición de *El arte de beber*. He omitido una interpolación gigantesca en el libro 1, una larga digresión en el libro 3, los dos prefacios de Obsopoeo y la mayoría de los poemas introductorios (el único que aparece es de Joachim Camerarius y procede de un texto que se encuentra en Camerarius 1568). He modernizado la ortografía, las mayúsculas y la puntuación, y he alterado el texto un par de docenas de veces.

NOTA A LA TRADUCCIÓN

Los estilos de traducción varían. Mi intención no ha sido llevar a cabo una traducción literal del texto de Obsopoeo, lo cual sería una tarea imposible. Por el contrario, mi objetivo, como se demuestra en los fragmentos anteriores, ha sido transmutar el pensamiento y el espíritu del autor en un idioma claro, expresivo y actual, especialmente el que se habla en las universidades. Para ello ha sido necesario recurrir a ciertas metáforas que, tomadas literalmente, sobresaltarán al lector. Por ejemplo, Obsopoeo se dirige a los *iuvenes*, término que traduzco por *universitarios*, o simplemente, *jóvenes*. ¿Por qué? Porque en 2020 no sirve otra palabra. El resto de las posibilidades resultan intimidantes, están pasadas de moda o son ridículas, como es el caso de las palabras que ofrece el diccionario bilingüe.

Obsopoeo escribe en el latín clásico de la Roma pagana de hace dos mil años para describir la vida de la Alemania cristiana de hace quinientos. Su tono, como el de Ovidio, es el de un profesor que da una conferencia. He introducido epígrafes para ayudar al lector a seguir su argumento principal, que está cuidadosamente tramado. Obsopoeo construye frecuentemente silogismos y ofrece abundantes ejemplos para demostrar sus puntos de vista. En estos casos he convertido los pareados en listas con guiones para evidenciar la retórica. Un ejemplo de ellos se encuentra en 1:877-882:

- La música alegra al corazón apenado con canciones;
- La música tiene poderes divinos comparables a los de Bromio (Baco):
    -Baco consuela y alegra a los afligidos con néctar,

-La música alegra y consuela a los deprimidos con canciones.
-Él inunda el pecho de calor,
-Ella estimula sus sentimientos y
   -al igual que el vino,
   -los sonidos armónicos penetran en el pecho y el corazón.

Otro problema es que Obsopoeo es un experto en juegos de palabras. Muchos pareados tienen doble sentido. Por ejemplo, en latín *sinus* significa regazo o seno, mientras que *sinum*, una palabra distinta, es una especie de cuenco para beber. *Fundere*, por su parte, significa escanciar un líquido de forma literal y «derramar» los pensamientos o sentimientos de manera metafórica, es decir, confesarlos. Obsopoeo los combina hábilmente en un juego de palabras en 1:95-96, donde nos aconseja beber en casa con la esposa:

Siempre puedes confiar por completo en
tu esposa.

Puedes beber con ella y derramar sin miedo el corazón en su seno.

En estos casos, normalmente he tenido que sacrificar uno de los significados, aunque en algunas ocasiones he preferido traducir dos veces una misma palabra. *Germanus* y *germanus*, por ejemplo, son dos palabras diferentes; la primera significa alemán y la segunda hermano. Ya que esta casualidad apuntala el concepto de la *bro culture*, mi única opción en la canción de borrachera de los *iuvenes* en 2:428, *Hic, hic germani discubuere boni!*, era traducir «¡Así se corren una buena juerga los auténticos germanos!».

Una última observación. Obsopoeo utiliza muchas palabras distintas para referirse a la persona que bebe en exceso, lo cual nos obliga a una difícil elección. ¿Cómo elegir entre «borracho» y «alcohólico», «deseo» y «sed» o «ansias», y «adicción» y «alcoholismo»? ¿Cuál es la diferencia entre los términos? Como dice el chiste, un alcohólico es un borracho que asiste a reuniones. Sea cierto o no, dudo mucho que las palabras «alcohólico» o «alcoholismo» tuvieran sentido para Obsopoeo, de modo que lo más habitual es que mi traducción hable de borrachos sedientos o deseosos. No obstante, donde el contexto parece exigirlo, he hecho alguna que otra excepción.

NOTA SOBRE LAS NOTAS

Como sucede en toda la poesía en latín del Renacimiento, *El arte de beber* contiene numerosas alusiones a la literatura clásica latina. Indicarlas todas sería inútil e incluso confundiría a muchos lectores. Las notas tienen la intención de aclarar tan solo las referencias más interesantes, relevantes u oscuras.

UNA GUÍA RÁPIDA PARA LEER
EL ARTE DE BEBER

• Baco, dios del vino, tiene cuatro epítetos: *Bromio* («atronador» o «el que brama»), *Yaco* (del grito ritual *Iacche!*, proferido por los iniciados en la procesión de los misterios de Eleusis), *Eneo* (dios de la prensa de vino) y *Lieo* («el que desata», el que libera de la ansiedad y la preocupación). Obsopoeo los utiliza todos, y todos pueden referirse por metonimia al vino. Así, «venerar a Baco» puede significar «beber vino».

• El vino más famoso de la antigüedad era el falerno. Como el champagne, su nombre procede de la zona en que se producía. Obsopoeo lo utiliza como palabra genérica para hablar del vino.

• Los griegos y los romanos tenían cientos de recipientes distintos para el almacenaje, la preparación, el escanciado y el consumo del vino. Obsopoeo utiliza estas palabras tanto en su sentido original, como también para describir los recipientes típicos de su propia época. El cuadro y las ilustraciones de las páginas siguientes muestran cuál es cada uno.

Griego	Latín	Equivalente moderno
ALMACENAJE		
Pithos	dolium	barrica
amphora	cadus	botella
PREPARACIÓN		
Krater	crater	Crátera, cuenco para mezclar agua y vino
N/A	obba	decantador
ESCANCIADO		
kyathos	cyathus	Una copa o ronda de copas (un cacillo)
N/A	trulla	Una copa o ronda de copas (una jarra de servir
N/A	capedo	Una jarra o garrafa
CONSUMO		
Kylix	calix	Copa de cristal o cáliz (*calice* en italiano, *chalice* en inglés)
kantharos	cantharus	copa de trofeo
skyphos	scyphus	cuenco
Phiale	patera	platillo o copa
karchesion	carchesium	tanque o jarra

La palabra latina *poculum* (copa) sirve para cualquiera de estos recipientes, pero, como sucede con los recipientes de escanciado, se utiliza para aludir por metonimia a una «copa» o «ronda», como en la expresión *inter pocula*, «entre copas».

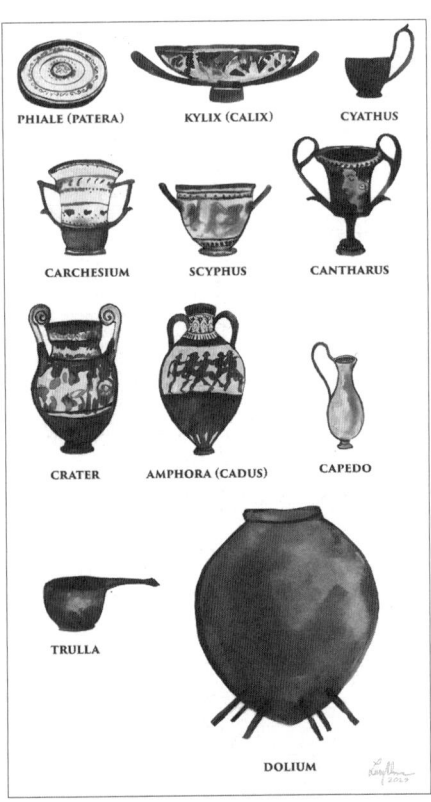

Recipientes de vino griegos y romanos tal y como los escribe Obsopoeo. Para su uso y escritura griega ver la tabla.

EL ARTE DE BEBER

JOACHIM CAMERARIUS AL LECTOR

Cuando cerró Ebriedad este libro con ojos
arrasados en lágrimas dicen que susurró
con labios temblorosos: «Lejanos y cercanos
ya nunca habrán de odiarme, pues se emborracharán
con método mis fieles. Donde reinaba el caos
un método habrá ahora, puede que incluso un arte,
de perder el control. ¿Será cierto este extremo?
¿Podrá acaso este libro enseñar a la gente
a perder la razón por la razón guiados?

Vosotros, bebedores, que las noches enteras
entre copas pasáis, no olvidéis que mi gloria
es enorme y la vuestra tan enorme ha de ser.
¡Aprended!», gritó luego, «Porque aprender es bueno...».
Quería decir más, pero trastabillaba
la palabra en su boca y daba cabezadas,
chocando la cabeza contra el pecho; entre hipos
murmuró unas palabras apenas perceptibles.
Alguno aseguraba que la oyó dar gracias
al autor de esta obra.

LIBRO 1

EL ARTE DE BEBER DE MANERA PROLONGADA Y CON DISCERNIMIENTO

AL LECTOR

Aquellos que en esta ciudad no conozcan aún el arte de beber, que lean mi libro. Cuando terminen este *Arte* beberán como expertos.

- Un *arte* eleva hasta las estrellas las altas (y pesadas) estatuas,
- Un *arte* permite a los marinos cruzar el mar embravecido, y
- Un *arte* dio a Dédalo, prisionero en Creta, el valor de surcar los cielos.

No hay tarea que no venza un arte. Por eso, para no quedar como amateurs cuando corre el vino en las fiestas, necesitamos también un arte de venerar a Baco.

Pues los devotos de Baco son víctimas de su ira cuando no lo veneran con el método adecuado.

Ya sabéis que Baco es dulce, pero se pone intratable cuando subestimáis su poder y lo veneráis de forma errónea.

- El vino hace daño a los que no están educados.
- El vino con educación es placentero y beneficioso.

En conclusión, lo que necesitáis es el presente arte del beber. Si es eso lo que os ha conducido hasta mi libro, escuchad sus enseñanzas. Y dado que es producto de la experiencia, confiad en la pericia de su autor. En este *Arte*, nacido de las labores del mucho beber, no hay trampa ni cartón. Lo que os transmito, jovencitos, es la pura verdad.

INVOCACIÓN A BACO

¡Oh, Baco! ¡Oh, Baco! ¡Padre de los poetas, el más dulce de los dioses, inflama mi corazón con tu río de néctar! Soy poeta, pero no persigo ceñirme la cabeza de guirnaldas de hiedra y laurel. Que se las queden los poetas pretenciosos que cantan en versos elevados la barbarie de la guerra. No, te lo ruego, coróname de guirnaldas de pámpano y zarcillo. Una guirnalda de Baco para un bardo de Baco.

¡Que nuestras barricas rebosen y espumeen de sonrientes racimos de tal forma que el más pequeño llene hasta arriba una enorme botella! ¡Que el gozo de regeneración produzca tanta fruta que hasta el mismo viticultor tiemble al ver su cosecha!

Para escribir este poema, nada colmará mi pecho de las llamas de las Musas como tu fresco mosto.

No exijo las fuentes de Castalia, no merece mi sed las aguas de la Aonia. No es esa mi ambición. Del monte Helicón manaban para Hesíodo las fuentes heladas que inspiran a los poetas. Yo, en cambio, oh, Padre, el más generoso y sabroso de los dioses, prefiero un alegre manantial de falerno o de vino de Franconia. Prefiero una sola copa de ti, Baco, que mil copas de agua de Hipocrene. Si deseas un nuevo himno para tus rituales, refréscame la garganta reseca con el rocío que destilan tus vides.

MIS LECTORES

Yo no canto para una muchedumbre de borrachos que malgastan tus dones noche y día. Canto las fiestas moderadas y el uso adecuado del vino. Mi libro no canta a los borrachines desaliñados y embarazosos, ni a los que beben a diario hasta caerse. Ya sé cuánto te hastía esa gente, Baco. Su conducta, actitudes y desmesura no conocen el decoro ni tiene su sed límites ni moderación. Quedan desterrados de mi *Arte* por creer que saldrán incólumes, por no dar importancia al honor. Son cerdos, o peor que cerdos, si es que eso es posible. Mi poema canta a los que se respetan a sí mismos, a los que se guían por el honor y el buen nombre; a aquellos con los que una madre anciana o una muchacha inocente y desconocedora del mundo vaciarían confiadas una copa.

Que salga al galope mi primer caballo, pues el prólogo no debe ser más largo que el poema.

RESUMEN DEL LIBRO I

Empezaremos por las tres formas de beber:

- Solos en casa o
- cuando nos reunimos a tomar copas con amigos o
- en acontecimientos sociales, con ánimo celebratorio y acompañados de personas afines. En estas ocasiones lo normal es que
    - nos inviten los amigos y familiares o
    - el novio nos invite a su boda.

¿Cómo ser educados y responsables en estas ocasiones? De esto trata el libro que aquí comienza.[1]

BEBER EN CASA

Ventaja: la (futura) esposa

Amigos míos, si queréis beber vino, divertiros y disfrutar como Dios manda, no importa quiénes seáis: daos la buena vida en casa.[2] No en vano dice la gente que no hay lugar como el hogar. Lo mejor del mundo es la libertad y las ventajas de quedarse en casa, sobre todo en compañía de una estupenda esposa con la que compartir cama, y que idealmente encarna y es modelo de los valores de la femineidad:

- se ocupa de su hogar y
- cuida a su marido,
- no es malhablada ni impertinente,
- es dulce y sofisticada,
- no frunce el ceño ni arquea las cejas,
- no es mezquina ni amiga de discusiones e insultos,
- sabe cómo aplacar al marido,
- es casta, femenina y bien educada,
- no anda de cama en cama,

- nada sabe de argucias y tretas.
- no sabe mentir,
- es sencilla,
- pero no lerda.

El que tenga una esposa así, que rinda tributo a Baco en la tranquilidad del hogar. No necesitará más compañía.

¿Quién prefiere a los amigotes antes que a una esposa fiel? ¿Por qué hermanos la abandonaríamos? Una esposa es más digna de confianza que cualquier amigo, más fiel que un hermano e incluso vence en lealtad a una madre.

Los amigos leales son escasos, pero siempre podéis confiar por completo en vuestra esposa. Podéis beber con ella y derramar el corazón sin miedo en su seno.[3] Ella comparte vuestra ansiedad cuando tenéis problemas. Mantiene el hogar en pie con esfuerzo y dedicación. Comprende vuestras preocupaciones y su amor iguala las llamas del vuestro. Realiza sus tareas con diligencia como esposa y como sirvienta. Os ama y nos aprecia con el seno, el pecho y el corazón. Consuela vuestros enojos y anima vuestra tristeza. Hace suya vuestra desgracia. Os complace con los castos dones de Venus y os convierte en padres orgullosos.

En casa podéis decir o hacer lo que queráis, pues sois los reyes. Los que se ofenden por causa vuestra no son bienvenidos. La esposa es la única que comparte con vosotros la dulzura del alcohol. Os conoce perfectamente, sabe cómo lidiar con vosotros y es paciente como nadie cuando os da por despotricar. Ser agradables con ella basta para fortalecer su amor y devoción: dadle vino, bebed con ella y obtendréis mayor placer con una sola copa que con una botella entera en la calle. Es más, la mujer que amáis no sentirá que su esposo le falta al respeto; no, se sentirá el centro de vuestro universo y no creerá que andáis divirtiéndoos por ahí mientras que ella está sola en casa deseando beber una copa también. Delante de ella podemos expresar nuestra felicidad, reír sin vergüenza y decir lo primero que se nos ocurra.

Al beber en casa, nos evitaremos los enojos que hay que soportar cuando salimos a beber:

- comentarios hoscos a nuestras espaldas,
- chistes de mal gusto,
- bromas a nuestra costa,
- las burlas desagradables del listo de turno,
- las sonrisitas de suficiencia, sarcasmos y risas por lo bajo típicas de algún idiota,
- la infinita cháchara del inevitable payaso.

Y eso por no mencionar las fanfarronadas vergonzosas y las broncas ridículas que se arman en cualquier momento por la más estúpida nimiedad.

En serio, ¿cuántas veces habéis lamentado salir a beber o habéis tenido que soportar discusiones, peleas y otros malos tragos impropios de un caballero? En la calle el bombardeo es interminable, pero un hogar tranquilo nos evita estos y peores calvarios. En el hogar no hay oídos maliciosos que después chismorreen al mundo lo que decimos. En cambio, cuando una palabra se nos escapa de la boca en la vía pública, la garganta la traiciona y no dudéis que volverá irremisiblemente para cortarnos el gaznate.

En lo que llevamos de poema la Musa ha hablado de lo placentero y reposado de beber en casa. Aunque, en realidad, ¿quién podría enumerar todas las ventajas del hogar? En el hogar son la norma el amor calmado y el sueño reparador. Reinan la armonía, la tranquilidad y la confianza, que es el cemento que mantiene unido a un matrimonio.

Jamás existirá refugio mejor ni más seguro que el hogar: es un puerto en el que rara vez azota la tormenta.

El hombre y la mujer que son felices en su casa no necesitan de mi *ARTE*

Los que disfrutan de beber en casa no necesitan del *Arte* del que habla mi poema. No me he pasado la vida elaborando un método con las formas y reglas del buen beber para beneficio de los que tienen la virtud de saber vivir. Su beber queda fuera de mi jurisdicción. Saben hacerlo y regular su vida como amos y señores de sus propios dominios. Hacen sus propias reglas.

Desventaja: los criados

Una vez dicho esto, conviene que estas personas eviten la arrogancia y la indiscreción y que no hablen más de lo que permite el decoro acerca de asuntos que acaso ofendan la sensibilidad de ciertos oídos o que acaben perjudicándoles si un criado los traiciona.

Contad los criados que tenéis y sabréis cuántos enemigos os acechan: la lealtad de ambos grupos es una y la misma. Los criados sueltan todo lo que han oído en cuanto los despide el último jefe al que le han hecho alguna jugarreta. Para evitar este peligro, tened siempre sumo cuidado con lo que decís o tened plena confianza y pruebas fidedignas de la lealtad y la buena fe de los criados.

No puedo llevar la cuenta de las veces que, cuando mi lengua se retorcía y mascullaba en su madriguera beoda, habré hablado más de la cuenta en mi casa y habré soltado

- aullidos de protesta,
- porfías,
- insultos,
- el nombre de enemigos,
- enfrentamientos
- guerra sin cuartel
- amenazas...

La solución es la moderación

Este problema se ataja bebiendo siempre de manera honorable y disfrutando del vino con moderación en casa. Si la gente se habitúa a la moderación en su propia casa, la practicará automáticamente cuando esté fuera. En dos palabras: UN CABALLERO Y SEÑOR DE SU CASA SE ASEGURA DE QUE SUS CRIADOS SE RIJAN POR LA APROPIADA POLÍTICA DE HONOR.

Tanto en casa como en la calle conviene acordarse del decoro; tanto dentro como fuera, decoro significa una forma de vida «sobria». Al hombre casado de la misma clase social que nosotros y que sabe disfrutar del vino con tranquilidad y discreción no hay que recordarle este asunto. No cabe duda de que mi *Arte* enseñará a beber como expertos a quienes sigan esta regla al pie de la letra.

PRIMER INTERMEDIO: SEGUNDA INVOCACIÓN A BACO

¡Más, Lieo! Espolea a tu bardo con el *alcohol* de tu vino. ¡No hallarás nada que pegue más fuerte! ¡Desde luego, yo voy a todo galope, pero si eres listo, concédele a este jinete tuyo sus deseos!
- ¡Inspiras mi poesía,
- me fortaleces,
- tu divino calor derrite mi corazón helado!
- ¡Eres mejor que las Musas, más grande que Apolo,
- para mí, solo tú eres el padre de los doctos bardos!

[bebe un trago]

¡Ah! Ya surge ante mis ojos un nuevo estilo de empinar el codo; como comprenderás, para practicarlo necesitaré fuerzas renovadas. Ya sabes que a la gente le encanta salir de casa e irse por ahí. Beber en público es una gran diversión.

SALIR A BEBER CON LOS AMIGOS

Al hombre que sale le gusta reunirse con sus amigos. Una ruidosa banda de compinches es algo muy divertido. Sin duda, el hogar puede ser acogedor, puede ser casi perfecto, pero no todas las esposas son tan amables.

Ventaja: escapar de la esposa

Hay esposas que en casa son beligerantes y tristes, por ejemplo, Jantipa,[4] la tristemente célebre esposa de Sócrates. ¡Es más fácil vivir con un demonio que aguantar hasta el fin de los días a una bestia semejante!

Ventaja: cambiar de ambiente

A las indolentes tortugas no les molesta pasarse la vida en su castillo; las viejecitas viven muy a gusto murmurando delante de la chimenea, pero los *caballeros* pertenecen al mundo de la luz. Es vergonzoso para ellos tener que pasarse el día vigilando la casa como patéticos cangrejos ermitaños.

Ventaja: momentos de relax

¿Quién puede vivir trabajando siempre sin descanso? ¿Quién puede estudiar hasta el alba todos los días? El arco se parte si se tensa demasiado; las cuerdas de los instrumentos musicales se rompen si se aprietan en exceso. La mente no dura mucho si no se le dan descansos regulares.

- Es necesario relajar a la mente de su ansiedad y sus preocupaciones. La mente sana busca el reposo para reponer fuerzas;
- los miembros del cuerpo también necesitan descansar, y

- hay que celebrar los días de fiesta con bebidas alcohólicas especiales.

Tibulo, emborracharte en los días de fiesta no te avergonzaba: tampoco a mí ha de avergonzarme.[5]

Ventaja: evitar la soledad y la misantropía

Hay gente que elude sus responsabilidades sociales encerrándose en casa día y noche y no viendo a nadie, de suerte que poco a poco se transforman en animales. El vicio de la soledad los convierte en seres apáticos, deprimidos y antisociales, y llega un momento en que no soportan la luz del día. Evitan e incluso llegan odiar la compañía, huyen de ella y rumian un solo y obsesivo pensamiento: «Nadie me gusta. No tengo amigos. Únicamente soy feliz cuando estoy solo».

La importancia de elegir compañeros de juerga

Por lo tanto, si estáis deseosos de salir de casa y tomaros una copa conmigo, de alegrar el semblante y divertiros, de rechazar el comportamiento de aquel huraño de Timón de Atenas, y de buscar buen vino y buena compaña, debéis saber que lo verdaderamente importante a la hora de beber y venerar a Yaco es elegir correctamente *los acompañantes*. Preguntaos a vosotros mismos:

- A quiénes queréis tener como compañeros de juerga,
- A quiénes queréis como amigos, y
- Qué tipo de personas buscáis.

Elegir lo igual, no lo diverso.

Lo cierto es que, a no ser que haya igualdad de actitudes, carácter y capacidades, no todo el mundo combina bien con todo el mundo. La armonía es rara entre quienes no son iguales; al combinar la diversidad con la amistad a menudo se desata el conflicto.

- El marinero debe beber con marineros,
- el soldado con soldados.

- el pastor experto con pastores,
- el médico con otro médico,
- el granjero con el granjero;
- el zapatero en su banco debe beber con otro zapatero,
- que el monje escancie el vino con el monje,
- el sepulturero con el embalsamador, y
- la ramera embaucadora con la prostituta;
- el bravucón brindará con el bravucón,
- el escritor con el escritor,
- el borracho con el borracho,
- el transportista con el transportista;
- el cochero buscará la compañía del cochero,
- y el esclavo buscará la de su Siro, un compañero también bajo el yugo de la esclavitud.[6]

En definitiva, cada persona buscará a su igual, es decir, alguien compatible con ella y con su carácter, y lo convertirá en su compañero de juergas. Los amigos no tendrán problemas si son iguales o parecidos en

- naturaleza,
- intereses,
- carácter,
- capacidades y
- clase social.

Las apariencias engañan

Hay que elegir amigos de corazón puro:
- amigos de apariencia:
    - positiva
    - respetuosa y
    - digna;
- amigos que se tomen en serio la religiosidad y la devoción, pero cuyas mentes no estén cautivas de ignorantes supersticiones;
- amigos dotados de tacto y modestia en lo tocante a:
    - el lenguaje
    - las palabras y
    - los actos;
- amigos a los que la docta Minerva tenga en su casto seno;

- amigos a los que las Musas, las Gracias, Mercurio Cileno y Apolo de Delos, arquero imponente, hayan colmado de:
    - gran elocuencia
    - virtuosismo en la lira
    - poesía de calidad
    - compasión
    - dulzura de carácter
    - conocimiento de las artes liberales
    - sinceridad
    - modestia
    - encanto
    - buen talante
    - amistad
    - amor y
    - lealtad;
- amigos conocedores del latín y el griego, del mundo moderno y del clásico;
- amigos
    - que persigan la virtud y la rectitud moral,
    - que no se dejen llevar por el vicio y los bajos impulsos, y

> \- cuyas virtudes y lealtad se demuestren irrefutablemente una y otra vez.

Beneficios de su influencia

Amigos así nunca os obligarán a beber. Nunca serán los primeros en emborracharse. Su sobriedad será siempre modelo de buen juicio y comportamiento.

Para no caer en malas compañías, recordad este consejo y esforzaos en hacer amigos *de calidad*. Esos son los amigos con los que beberéis cuando lleguéis a una fiesta que esté en su momento álgido. Arrimaos a ellos, pues de gente así aprenderéis a ser cabales, mientras que las malas compañías os arruinarán, y rápido, las entendederas. Festejad con buena gente y pronto juraréis que doy buenos consejos a mis discípulos.

Se os juzgará por vuestras compañías

Cuando bebemos, la gente siempre nos juzga por quien nos acompaña. La opinión que los demás tienen de nosotros procede de los amigos de quienes nos rodeamos. Pertenecer a la asociación universitaria equivocada destruye una reputación impecable. Por lo tanto, trabad amistad con caballeros, es decir, con personas moderadas, si deseáis que se os tenga por personas brillantes y nobles. De tal forma, tan solo necesitaréis *El arte de beber* para moderar el consumo de manera honorable.

Entablad amistad con los ricos y poderosos

Es más, si vais a cultivar la amistad de los gobernantes, esforzaos en hacerlo lo mejor posible. Ganáoslos con vuestra dulzura de carácter y vuestra habitual cortesía. Conseguid su amistad también mediante la adulación, el halago, la reverencia y la servidumbre, con cualquier pretexto que se os ocurra. Al beber habitualmente con ellos, conquistaréis la amistad de aquellos que habrán de ayudaros cuando os golpee el infortunio. Gracias ellos conseguiréis riqueza, se os elegirá para desempeñar cargos públicos importantes y os encaminaréis a las embriagantes alturas de los graves asuntos del gobierno. Buscad siempre amigos «con beneficios», es decir, amistades que os granjeen el acceso a cargos públicos y sirvan a vuestro provecho personal.

Sed exquisitos, no licenciosos

A los que creen que no pasa nada por beber con cualquiera, no les importa realmente lo que se piense de ellos. Nadie canta sus alabanzas; viven una vida oculta, enterrada en la oscuridad; su lealtad ni se pone a prueba ni se demuestra. No, su nombre insustancial desaparecerá en el olvido. El mundo no celebrará sus méritos ni percibirá su influencia.

Si celebráis las fiestas de Baco con gente de baja estofa os estaréis rebajando vosotros mismos. ¿En qué puede beneficiaros un borrachín de mala muerte? Rodeaos de gente ilustre y seréis ilustres, alternad con los grandes y se os tendrá por grandes. Esforzaos en ser selectivos.

Gente a evitar

Los aguafiestas

Alejaos de cualquier aguafiestas con corazón de plomo en el pecho. No son humanos; son hijos de tigres, los han amamantado con leche de león salvaje. Carecen de sentimientos humanos; todo les parece una mierda; viven traumatizados por alguna mala experiencia. No saben ser felices, no sirven para divertirse ni para festejar. Son criaturas selváticas, hoscas y sin amor; son perros que ladran su tedio a la cara de la gente mientras se roen el corazón en silenciosa ira.

¿A quién puede agradarle la compañía de gente a la que nada le gusta y que es incapaz de apreciar una idea que no sea propia? Impedid la entrada de semejantes personajes a las fiestas de Baco si es que deseáis relajaros y disfrutar de la vida.

Los belicosos
También debéis alejaros de quienes andan siempre buscando pelea. En lo tocante al temperamento, no se diferencian mucho de los anteriores. Les encanta la desavenencia y el conflicto y los puñetazos a los que conducen. Les encanta la guerra, que es la enemiga de la paz y la concordia. Este tipo de gente está mejor en el ejército, combatiendo

fanáticamente en las guerras en honor de Marte, que echando a perder fiestas tranquilas y alegres en honor a Baco con sus disputas y traiciones. Son inhumanos y bárbaros, siempre van armados y carecen de una sola virtud que los redima.

Los fanfarrones

Añade a estos los Trasos[7] engreídos, que mienten más que hablan. Todo el mundo odia a esos bocazas alborotadores. No hay quien les gane a egoísmo y grandilocuencia. Su absurdo narcisismo los ciega y les impide verse a sí mismos tal y como son. Aunque el vino que se sirva en las copas sea puro néctar, la compañía de los Trasos amarga cualquier bebida.

Fanfarronear es un defecto enervante e inevitablemente aburrido. [Los Trasos] se burlan de todo el mundo y son intolerantes al máximo. Desprecian a los caballeros y a las personas educadas y, aunque no son capaces de sobresalir intelectualmente ni tienen habilidad artística alguna, porque son unos absolutos zoquetes, critican con maldad el verdadero talento y tienen que ser por fuerza el perejil de todas las salsas:

- ¿Alguien cuenta una anécdota? Ellos son bardos y vates inspirados.
- ¿Alguien canta una canción? Ellos tienen mejor voz que el mismo Hermógenes.
- ¿Se habla de un combate? En un santiamén, el Traso de turno se ha convertido en un Aquiles invicto y se lanza a una perorata acerca de batallas en las que nunca ha participado.
- ¿Se critica una obra de arte? Ellos son expertos en la materia.
- ¿Alguien hace sus pinitos en poesía? Ellos son poetas laureados.

Por decirlo en dos palabras, no importa de lo que trate la conversación, el Traso de turno se hará con ella y la monopolizará sin remedio. Una vez tras otra.

Los exmonjes

Queridos discípulos, os aconsejo encarecidamente que no os acerquéis a aquellos «amigos» que han colgado los hábitos y se han fugado del monasterio. Novicios míos, esa ralea es absolutamente perversa. Puede que hayan abandonado el negro hábito, pero no la negrura de pensamiento. Su alma es más negra que un cuervo negro. Creedme, su negrura supera a la de la tinta. Sus compañeros constantes son la hipocresía y las monstruosidades que aprendieron a la fuerza durante años en el mendaz monasterio. Estos personajes

- saben adular con astucia y
- saben urdir engaños a largo plazo,
- son hábiles embaucadores de los inteligentes y
- son hábiles embaucadores de los simplones.

Halagan, adulan y culebrean hasta penetrar en todos los corazones sin amar ni ayudar sinceramente a nadie. Gente más metomentodo no existe sobre la faz de la tierra. Solo esa razón, discípulos, sería ya suficiente para no acercarse a semejantes monstruos.

Dicho esto, he de aclarar que no era mi intención acusar aquí a todos los exclérigos, pues también hay hombres buenos que han escapado de esos nidos. Alguno hay de excelente educación y aguda inteligencia. Sin embargo, dado que son *rara avis*, si a la hora de beber podéis evitarlos, lo mejor es que lo hagáis. Las copas de un refectorio apestan a veneno de la hidra de Lerna. Hasta aquí lo que me voy a permitir decir acerca de este asunto en el presente poema.

Los herejes

Además de los exmonjes, haced todo lo posible para no alternar con blasfemos y enemigos de Dios Todopoderoso, que son de la piel de Barrabás, bárbaros que insultan con sus obscenidades al cuerpo y la santísima sangre de Cristo.[8] Nunca se ha visto peor blasfemia, nunca se ha visto en el planeta tierra peor crimen, nunca peor plaga se ha abatido sobre los mortales, nunca azotará el mundo epidemia más dañina que la de los profesores sacrílegos que se afanan para que Cristo no pueda gobernar su reino. ¿A cuántos desgraciados han arrojado a las llamas del infierno con sus enseñanzas de que nuestro sacramento no es más que un materia inerte?[9] ¡Huid de esas úlceras, de esas furias, de esos incendiarios, de esa peste si queréis alcanzar la salvación!

(Con los católicos, no obstante, no hay peligro)
Preguntaréis cuál es mi opinión acerca de beber con papistas o brindar con quienes visten hábito. Pues bien, si andáis vaciando copas con judíos y musulmanes, ¿por qué no disfrutar del vino con papistas? A menudo he encontrado más amistad, sinceridad y bondad, sí, discípulos míos, más *amor*, en determinados papistas con propensión a la tolerancia que en los innumerables hipócritas que me rodean. Son buena gente y llenan las copas con generosidad, siempre de grandes garrafas. ¿Qué más me da lo que piensen los papistas mientras me inviten a buen vino? Dado que no blasfeman

mientras beben, ¿por qué no copear y divertirme con ellos?

Los chismosos

Sigamos adelante. Tampoco os conviene beber ni tener por amigos fieles a esas personas con más grietas que Pármeno, esos que van por ahí contando lo que se les escapa a quienes llevan unas copas encima. Charlatanes que no saben mantener el pico cerrado. El que brinde con nosotros debe ser un pitagórico: debe saber escuchar y guardar el secreto de lo escuchado aunque le cueste vida.[11]

Los maledicentes

También pondremos en la lista negra a aquellos cuyo pasatiempo favorito es criticar a todo el mundo a sus espaldas, royendo como perros el buen nombre ajeno. El vino debe dar lugar a conversaciones sinceras, no a críticas repelentes. Nuestro vino no debe dejar mancha en los demás. Sacar a colación los forúnculos y verrugas del vecino y mancillar su honor con cháchara indigna es propio de un alma negra y signo de un carácter vil.

Los hipócritas
De estos hay que hay que huir como de las oscuras puertas del Averno. Su corazón no concuerda con su palabra, que a veces ofrece un regalo con una mano y enarbola un arma con la otra. Yo los considero aduladores de lengua suave, embusteros, zorros desleales.

Los pedantes
A la lista negra también con estos charlatanes que enhebran un absurdo con otro y nos asesinan con sus incesantes patrañas. Todo el mundo tiene derecho a hablar; las conversaciones de verdad son un trabajo de equipo.

Los delincuentes
También os prohíbo alternar y brindar con chivatos, soplones y buscabroncas, y si encontráis cualquier otra persona que se haya deshonrado a

sí misma por sus vicios e inaceptables crímenes, guardad las distancias.

Hasta aquí el tema de a quién cultivar o evitar como compañeros de juerga. ¡Recordad mis consejos!

SEGUNDO INTERMEDIO: SUPERACIÓN PERSONAL

Para continuar, forjad el carácter tomando como ejemplo a las personas cuya amistad os emocione. Es obligatorio *querer*:

- Poner orden en nuestra vida.
- Alcanzar nuestros objetivos.
- Ser íntegros.
- Decir lo que pensamos.
- Ser honrados y sinceros.
- Cumplir las promesas.

Y también dar a los demás prueba de nuestra utilidad, si es que de verdad queremos aprender a beber responsablemente. Desear tener amigos de éxito reconocido cuando nosotros mismos somos un desastre es una desgracia.

BEBER EN PÚBLICO: LA ETIQUETA EN LAS FIESTAS

Una vez que hayáis aprendido a comportaros como he explicado hasta ahora, estaréis listos para dejaros ver en público. Concentraos en comportaros de acuerdo con la ocasión.

Creedme, ninguna circunstancia exige un Catón de cara larga, un Curio santurrón, un pedante inflexible que mete sus peroratas con calzador en la conversación o un Numa amenazador de falsa religiosidad.[12] En las fiestas no se toleran personas airadas, de luto ni deprimidas por algún dolor oculto, ya sea una lesión física o un problema serio que les ronda la mente. Lo que se exige es gente

- jaranera,
- educada,
- alegre,
- contenta de estar allí,
- divertida,
- suelta,
- despreocupada.

La actitud adecuada

Por lo tanto, entrad en una fiesta con sonrisa relajada. Que no os nuble el rostro la más mínima borrasca. Si una preocupación oculta os atormenta, dejad vuestra cruz en la puerta o aligeradla lo antes posible con un trago de Lieo, pues el remedio más eficaz contra las penas es el alcohol. Cuando os hayáis librado del peso, relajad el rostro y llenadlo de luz. Los tristes son mala compañía para quien se divierte (los borrachos son mala compañía para los abstemios y estos lo son para lo que disfrutan de la abundancia de vino). Imitad la expresión facial de los demás y, como dicta una antigua ley, aseguraos de no reventar una fiesta en la que reina la alegría. Así que despejad las nubes y alegrad el semblante. Sed modelo de diplomacia en la conducta y el discurso. Esta es la primera regla. Os servirá a la hora de beber. Debéis ser

- educados,
- de buen trato,
- ingeniosos,
- divertidos,
- amables,
- capaces de reíros de vosotros mismos, y así
- dará gusto estar en vuestra compañía.

No os estoy aconsejando que seáis aduladores (no es apropiado adoptar ese rol en una reunión de gente honesta). Lo que quiero decir es que hay que complacer a los que beben, así que procurad que lo que les interese a ellos os interese a vosotros también.

Qué hacer y qué evitar
Seguid la conversación
Si interrumpís inoportunamente a alguien sacando a colación algún interés, afición o tema de vuestro agrado, no obliguéis a nadie a prestaros atención. Por el contrario, seguid *vosotros* la conversación *de los demás*. Sacrificad el ego por los amigos. Así evitaréis ofender a los demás y las consecuencias que ello acarrea.

No intentéis ganar las discusiones
Para no molestar a los invitados, no intentéis aventajar a nadie por mucho que seáis superiores en algo. El genial Terencio dice que el joven Pánfilo «hace amigos de verdad evitando la envidia y alabando a los demás».[13]

Si surge una discusión por temas políticos, no defendáis testarudamente vuestros puntos de vista. La testarudez es una soberana imbecilidad. Lo prudente es ceder gustosamente la razón a las personas de buena voluntad.

No intentéis impresionar a los demás con vuestra inteligencia

Cuando las copas estén ya llenas de néctar, no propongáis debates serios. El prudente visitará a los sabios en sus abstemias moradas y soltará sobriamente perorata tras perorata. A Baco no le interesan las doctas palabras que los estoicos pronuncian en sus tediosas escuelas. Tener en mente el decoro es provechoso siempre, al igual que saber con exactitud qué conducta corresponde a cada ocasión. Cada vez que veo a esos «sabios» cotorreando como idiotas, copa en mano, me dan ganas de desmayarme y morirme.

No llevéis libros a las fiestas. Si se trata de beber, no leáis cosas serias a los invitados. Hacerse el listo cuando hay alcohol de por medio no es más que una inútil manera de intentar ser el centro de atención. Si sois tan listos, demostradlo comportándoos como la ocasión lo exige. De lo contrario diré que sois unos insípidos (je je je): no tienen paladar para el buen vino los que solo saben saborear lo soso.[14]

No os hagáis los graciosos

No os paséis de listos y acabéis ofendiendo a alguien que comparte una botella con vosotros. Hacedles reír con bromas agradables. Si queréis mostrar buen humor, pareced ingeniosos, si os gustan las chanzas, procurad que no sean malvadas. Demostrad vuestro buen humor con bromas inofensivas en tono inofensivo. Aseguraos de que vuestras ocurrencias no ofendan a ninguno de los presentes. ¿Os arriesgaríais a perder un amigo por un comentario desafortunado? ¿Hay algo más estúpido que un bufón? Los bufones son ridículos; escupen comentarios crueles y malintencionados indiscriminadamente, no tienen vergüenza ni decoro. Por este motivo, no os hagáis los graciosos, pues es una actitud que a menudo acaba con las mejores amistades.

En realidad, si atacáis a alguien, lo más seguro es que os devuelva el ataque con un comentario igual de hiriente, lo cual conduce a

- la ira, la cual conduce a
- el odio, el cual conduce a

- perder buenos amigos, que eran un tesoro más preciado que toda la riqueza del rey Midas.

Hay miles y miles de temas ligeros (más placenteros y menos ofensivos. ¿Qué provecho brinda la carcajada de un par de personas si con ello se hiere al que es objeto de la broma?). Existen montones de historias humorísticas y canciones de poetas: tenedlas por apropiadas para las fiestas. No ofenden a nadie, usadlas como repertorio de vuestras bromas y chistes, mostrad vuestro ingenio con ellas. Extraed de ellas un poco de nepentes y, como Helena de Troya, utilizadlas para especiar el falerno.[15]

Callaos antes de decir tonterías

Los que quieran charlotear deben empaparse del sentido del humor de la Grecia clásica, y si vuestra Minerva[16] grosera es impermeable al mismo, mejor será que os quedéis callados cuando corra el vino. Nada pone más en evidencia la inferioridad de un intelecto que una lengua suelta e imprudente. Muchos son los que se ganan reputación de sabios gracias a saber callar y la pierden a causa de su propia estupidez.

No utilicéis palabras malsonantes o vulgares

Cultivad el decoro. Que no salga de vuestra boca una palabra ofensiva. Huid de las expresiones vulgares y obscenas, evitad hablar de sexo, pues molesta a los oídos sensibles. Cuando bebemos estamos rodeados de camareros jóvenes que no están preparados para semejantes temas. ¿Por qué escandalizarlos a propósito?

No apostéis (aviso legal)

No seré yo quien os aconseje apostar. Las apuestas arruinan montones de amistades. Con la apuesta aparece la ira, defecto deplorable, y también el ansia de ganar a toda costa, que nos hace capaces de querer derrotar a nuestro propio padre. A mí no me gusta beber en lugares donde se apueste o repiquen los siempre engañosos dados. Los antiguos consideraban las apuestas un vicio, pero hoy en día se han convertido en la principal vanagloria, interés, ocupación, ejercicio y afición de los sacerdotes, y en el libro que estudian día y noche.

Guardaos de quienes hacen gestos ofensivos
Necesitaréis mucha habilidad para escapar de una situación que se vuelve tóxica en cuanto alguien le hace los cuernos a otro. Ese gesto desencadena un torrente de muecas que liberan emociones totalmente inapropiadas cuando se bebe vino (bebida que se supone relajante...). A menudo provoca que hombres hechos y derechos pierdan la calma como niños y si los ciega el rojo néctar, reaccionan de manera deplorable. No todo el mundo es capaz de soportar que se rían y burlen a su costa. ¿Para qué reír sino para jugar? La pregunta es legítima.

Apostad si con ello perdéis el turno en una batalla de vino
Una vez dicho lo anterior, si una fiesta dura más de lo debido y la gente empieza a pelearse por a quién le toca beber, *entonces* es el momento de apostar. Es

la forma de evitar las copas innecesarias.[17] Seguid apostando aunque no ganéis una sola baza. Perder un poco de dinero es mejor que llenar el cuerpo de un vino que acabará saliéndoos mucho más caro.

No broméeis a expensas de los demás
No convirtáis a nadie en el blanco de burla. Tratad a todos con respeto. Bebed sin ofender a los amigos. Así no enojaréis a nadie.

Mantened las funciones vitales bajo control
Evitad

- los gestos bufonescos,
- las ventosidades,
- las risotadas idiotas,
- los eructos y
- todo lo relacionado con los genitales.

No seáis el gargajoso de turno ni carraspeéis o cosecharéis el asco y la repugnancia de vuestros amigos.

¡Cantad! La música amansa a las fieras

Si alguien os dice «¿Acompañarías este delicioso vino con una canción?», no os hagáis de rogar como si fuerais cantantes profesionales. Al contrario, si os invitan a una reunión de personas musicales, ¡cantad! Y hacedlo de buena gana. Que apostar no sea vuestra prioridad. Después de Baco, lo más importante en una fiesta es la música.

- La música alegra los corazones apenados;
- la música tiene poderes comparables a los de Bromio:
    - Baco alegra y anima al que llora con vino
    - la música alegra y anima al apenado con canciones.
    - *Él* colma los pechos de calor
    - Ella emociona el corazón y
    - al igual que el vino,
    - los sonidos armónicos penetran el pecho y el corazón.

Una hermosa tonada hace acreedor de grandes elogios a quien sabe extraerla de su garganta. Por ejemplo,

- Femio, el gran bardo de Homero que cantaba canciones refinadas para los odiosos y desagradecidos pretendientes de Penélope. Tal era su fama que gracias a sus curativas habilidades poéticas fue el único que escapó a una muerte cruel a manos de Odiseo.
- Demódoco fue otro bardo admirado y honrado en las tierras de los fenicios, gloria máxima del rey a quien servía.
- Iopas, con su larga melena, tañía una cítara de oro y deleitaba a los refugiados cartagineses y troyanos.[18]

Cuando empiece la música, uníos...
Perseguid las alabanzas que estos reciban. Que el virtuoso de la lira de Apolo deleite a los invitados; que otro pulse las melodiosas cuerdas que un caparazón de tortuga hueco mantiene en su sitio

(es un decir...). Aseguraos de que haya también un flautista que entone antiguas canciones de amor y que la flauta silvana, hecha de junco, se encargue de las melodías primitivas.

Mostrad sin ambages el talento que os hayan concedido las generosas Musas. A continuación, os ofrezco una breve lista que resume mis reglas y mi método, inspirada en la que Ovidio recomendaba al enamorado:

- el que tenga voz, que cante,
- el ligero de brazos, que baile y
- deleitad a los invitados con todos los dones que tengáis.[19]

...Pero con moderación
Dicho esto, debéis saber parar si percibís que no todo el mundo está de humor para canciones. No seáis como esos cantantes que nunca callan y nos dejan sordos y sedientos con sus mugidos. El sueño, el baile, el canto y el sexo tienen un límite. No aburráis.

Los brindis o cómo gestionar la presión de grupo

Sed educados al brindar. Cuando alguien proponga un brindis, respetad los turnos y devolved el que se ofrezca en vuestro honor. Si habéis bebido mucho, excusaos educadamente y con delicadeza. Si vuestros acompañantes son inteligentes sabrán no insistir.

Pero si de hecho insisten en que bebáis, esto es lo que debéis decir:

> Querido amigo, ¿ignoras acaso cómo bebían vino los guerreros homéricos? Solo lo hacían cuando les apetecía. Todos deberíamos beber así. Nunca he oído que ninguno de aquellos héroes se comportara como tú y le espetara a otro «¡Iguala eso si puedes!». Desde luego, no soy un héroe de leyenda, sin embargo, ¿por qué no seguir el código heroico?

Aun así, si os sentís presionados y no queréis rechazar una invitación por no ofender, bebed una sola copa (o haced como yo, que soy capaz de trasegar cien copas antes que permitir que nadie se sienta mal). No soporto que los amigos se enfaden y me digan: «¿Es que mi vino no es lo bastante bueno para ti? A mí me dices que no, pero aceptas de buen grado el falerno de los demás. ¡Dime qué tiene de malo mi vino!». Vacío la copa para que no me dejen sordo con sus quejas. Es raro que me vean rechazar un trago. Por eso bebo a menudo, para no herir los sentimientos de los demás. No es porque tenga sed, sino para no ser un aguafiestas abstemio. Si consideráis que el proceder de vuestro maestro es digno de imitación, emuladme en esto, como en todo lo demás.

No presionéis a los demás para que beban

No atosiguéis con bebidas ni regañéis a quien no le apetece beber. Resistid la tentación de animar a seguir bebiendo a quien ya ha bebido bastante. La humilde modestia del caballero os adornará más.

Nadie debería verse obligado a beber a vuestras órdenes. Obligar a los demás es un delito tan grave como impedir el acceso al agua al que está sediento. La copa más dulce es la se bebe por elección propia. La obligación daña tanto al bebedor como al mismo vino. El vino forja y rompe amistades. A nadie le place que le obliguen a beber.

LA REGLA DE ORO ES LA MODERACIÓN

Bebed siempre con moderación:

- Que la moderación sea siempre vuestro principio rector.
- Todo tiene su límite, y
- aprendeos de memoria lo que Ovidio aconsejaba al enamorado:

  «Sea este tu límite en lo tocante al beber: que tu mente y tus pies puedan siempre cumplir sus funciones».[20]

Coger una curda de vez en cuando está bien. Emborracharse a diario, no

Mis reglas en lo tocante al beber no son tan estrictas que exija yo vuestra cabeza si os cogéis una tremenda curda. Las leyes de mi *Arte* no están escritas con sangre como las crueles leyes que dictó aquel Draco de antaño. Una buena borrachera de vez en cuando es algo permisible. Pero con quienes se emborrachan a diario sí que soy más severo.

Ocasiones en que es lícito beber más de la cuenta

En los festivales

Platón nos enseña que a veces *hay que* beber. En determinadas ocasiones, emborracharse no es un vicio. En las fiestas y festivales es divertido tomar unas copas de falerno de más, como por ejemplo en las ceremonias celebradas en tu honor, oh, dulce Baco. Tuyos son estos dones divinos y por tanto a tu altar pertenecen.

Cuando recibimos visitas (con ejemplos de Virgilio y Homero)

Cuando recibimos huéspedes en casa no tiene nada de malo disfrutar del vino de forma más liberal y vivir la vida con más libertad.

- Cuando la flota troyana arribó a Cartago, Dido organizó una fiesta por todo lo alto. Tras ofrecer libaciones a Júpiter, la reina dio a sus invitados permiso para beber.[21] Al poco rato Bitias, cuando así se lo ordenaron, «se dio ansiosamente un chapuzón en el rebosante oro» del cáliz, y la congregación de dignatarios siguió su ejemplo. El dorado palacio temblaba con los aplausos de alegría, y en el atrio resonaban los ecos de las voces de los hombres, tal era el poder del burbujeante cáliz. Es fácil imaginar cómo pasaba de mano en mano rebosante de puro vino. ¡Aplausos y gritos como aquellos no proceden de servir con moderación una sola copa o un pequeño escifo! Ya habéis oído que cartagineses y troyanos «aplaudieron». ¿Creéis acaso que

los troyanos pensaban en hacerse a la mar en aquellos momentos?
- ¿Recordáis a Aquiles pidiendo vino más puro al recibir a los embajadores en su campamento? Dijo: «Una crátera mayor en la mesa y una copa por huésped».[23]
- Odiseo aceptó aquel vino para dar comienzo a su discurso de conciliación y no pudo haber elegido mejor apertura (y habría ganado la partida si Aquiles hubiera bebido con más tino, pero la copa del héroe no era lo bastante grande): «Salud, oh, magnánimo nieto de Éaco, poderoso entre todos los héroes...!». Empezó bien, pero a partir de ahí las cosas fueron a peor: «...No necesitamos una fiesta elegante; Agamenón nos ha recibido en su campamento».[23] Hablemos en serio. ¡Fijaos en la torpeza de este embajador griego, y en el fantástico estado de ánimo en que pone a Aquiles! Nada más empezar, suelta el odiado nombre de Agamenón, hijo de Atreo, al cual no debía haber mencionado. Si hubiera leído *De institutione oratoria*, de Quintiliano, ha-

bría comenzado su discurso de forma parecida a esta: «Oh, excelso hijo de Peleo, hemos venido a beber. Este es el único propósito de nuestra visita, ya lo sabes...». Mientras tanto, las copas habrían dado ocasión de convencer a Aquiles, pues el alcohol ya le habría ablandado el corazón. La ignorante «elocuencia» de los griegos les salió muy cara. ¡Idiotas! Teníais que haber alabado a Baco con menos apremio.

Cuando bebemos en compañía de gente importante

Hay un momento y un lugar en el que de nada hay que culpar al vino que fluye como un río crecido: la importancia y grandiosidad de la compañía es siempre una buena excusa. Por lo tanto, brindad con gente importante siempre que podáis.

No faltéis al decoro

Esforzaos siempre en tener en mente el decoro para no meter la pata. Vivid la vida y bebed siguiendo los consejos que os ofrezco en este apresurado poema mío. El vino no bebido se desperdicia. No sé de dónde les vino a algunos la idea de no beber vino.[24]

Conoced vuestro límite y el correcto uso del alcohol

Todo tiene su límite. Esto incluye el beber, cuyos lindes son fijos. Si tenéis dos dedos de frente no lo cruzaréis a propósito y así la razón no se os embotará ni se ahogará en una tinaja de vino como un náufrago que se hunde en un mar de botellas. Por eso

- No os emborrachéis o
- emborrachaos tanto que se os ahoguen las penas.

Cualquier cosa que quede entre estos dos extremos os perjudicará. Por eso a Yaco se le llama también «Liber», pues libera los corazones oprimidos por la preocupación.

RECORDAD MIS CONSEJOS EL DÍA DE VUESTRA BODA

Todas estas reglas que os recomiendo recordar y seguir cuando os divertís con los amigos, las debéis respetar a rajatabla con vuestra prometida para que cuando al fin asistáis a la fiesta de la boda no os comportéis como principiantes, os domine el vino, caigáis en mil y un ridículos errores y acabéis siendo la comidilla y el objeto de burla de todos los presentes, cosechando el desprecio y la antipatía de los invitados, que no olvidarán vuestro comportamiento mientras viváis. Que en semejante ocasión el honor, la modestia y la moderación sean vuestro norte y guía; pensad primero en las damas, las jóvenes decentes y los invitados de edad venerable y autoridad; comportaos con la mayor educación posible y sujetad la lengua. Vuestro carácter, conducta y forma de expresaros serán sometidos a estrecha vigilancia e incluso se tomará nota de todo. Por lo tanto, evitad emborracharos cuando cenéis y bebáis con gentes bien educadas.

No apruebo la borrachera bajo ningún concepto. La sobriedad es lo conveniente para los jóvenes universitarios.

SOBRE EL LIBRO II

El siguiente libro compuesto por mi pluma en verso clásico ofrece una descripción del terrible aspecto de los alcohólicos y de los problemas derivados de Ebriedad. Tú, bebedor irredento, que pasas los días de borrachera en borrachera, léelo como si te miraras al espejo y comprueba la desgraciada imagen que ofreces. Cuando hayas visto en todo detalle el rostro de Ebriedad huirás de ella durante toda tu vida si es que amas la gloria de la verdadera sobriedad.

Aquí concluye la primera parte de mi poema. Permitidme aplacar la sed antes de poner manos a la obra con la segunda.

LIBRO 2

BEBER EN EXCESO.
EL ASPECTO DE LOS ALCOHÓLICOS

INVOCACIÓN A BACO

¡Ven a mí, padre Baco, tú que siembras la vid que nos brinda la alegría! ¡Sírvenos falerno con mano ágil! ¡Llena las copas hasta el borde con el zumo de tu néctar! ¡Que corran los vinos de Franconia en un río sin fin! ¡Lava nuestras colinas cuajadas de vides con un río celestial, y, aunque sea misión de tu padre, sí, Lieo, dígnate empaparnos en tu divino torrente, aunque el Danubio se lleve sus rápidas aguas hacia el océano! Temo que mi garganta reseca perezca si la bebida se retrasa, y que la fuerza de mi boca se agote y muera de sed, como cuando el abrumador sol de verano quema los plantíos y el calor marchita los prados.

¡Que no te avergüence realizar las labores del hermoso Ganimedes! Otros las realizaron antes. ¿Acaso Vulcano y Hebe no escanciaban néctar y ambrosía a dioses y héroes? Sé tú mi Ganimedes troyano, tú, que eres más fuerte que Vulcano y más hermoso que Hebe. ¿Por qué no habrías de ser mi Vulcano y mi Hebe y servirme con mano de Ganimedes?

¡Que corra el alcohol por vasos y cálices y botellas y cuencos y cacillos! ¡Oh, Baco, que las copas rebosen de vino si he sido el primero en enseñar a disfrutar de tus dones como es debido, si mis versos, aunque torpes, celebran tus divinos poderes, si soy un diligente y fiel miembro de tu iglesia, si mis inmortales alabanzas elevan el eterno nombre de Baco hasta las radiantes estrellas!

Letanías de alabanza a Baco
¡No hay dios más poderoso en el celeste elenco del Olimpo!

- Tú enseñas a los hombres a ser ricos, hermosos y gentiles.
- ¡Tú das bravura a los corazones y aplastas al insolente! Bien lo supieron Penteo y el cruel Li-

curgo, el primero por torturar a Acetes e intentar prohibir tus orgías secretas; el segundo, presa de su terrible cólera, quiso enfrentarse a ti y aprisionó a tus bacantes en la cima del monte Niso, pero Tetis, que supo de tu terror, acudió en tu socorro. Lo supieron los bárbaros de la India; lo supieron los belicosos marinos alimentados en el mar por las aguas del Cárpatos.[1]

- Tú devuelves la esperanza y la fortaleza al desesperado;
- Tú restituyes las fuerzas al cuerpo marchito;
- Tú llenas de decisión al indolente y le insuflas osadía.
- Tú, Baco, haces que el poco agraciado, por feo que sea, resulte atractivo a las mujeres;
- Tú aplacas el dolor de las heridas por graves que sean.
- Tú refrescas con tu rocío a la madre que llora sobre el cadáver de su hijo, y con un vino más fuerte pones fin a sus lágrimas.
- Tú haces soportables las terribles penalidades de la pobreza.

- Tú transformas la choza humilde en palacio resplandeciente.
- Tú, mi señor, merced a tus dulces dones, nos ayudas a conciliar el sueño; tu licor nos refresca el cuerpo agotado.
- Tú, mi señor, alargas la alegre juventud, tres veces bendita, y libras al anciano de la decadencia.
- Tú tienes el poder de alargar la vida, tú tienes el poder de detener el correr de los días.
- Tú, mi señor, pones a bailar a los ancianos;
- Tú, mi señor, haces que las ancianas doblegadas por los achaques de la edad quieran jugar de nuevo.
- Tú, Lieo, forjas las amistades y tuyo es el calor que derrite el hielo del corazón.
- Solo tú alegras a los dioses en las alturas celestiales y solo tú, mi señor, alegras a las mujeres y los hombres.
- ¡Por todos los cielos, que me ahorquen si no eres capaz de resucitar a los muertos con los humores que fluyen de tu vino!

Aquellos cuyo corazón no se inmuta ante los muchos milagros y dones de Baco es que son de hierro. ¡No está mi corazón tan embotado de rígido hierro que no me conmueva el gran milagro de tu existencia!

Oración para el pronto socorro

¡Ea, pues, padre querido! ¡No te demores en rellenar de vino mi enorme crátera! «¡El que da deprisa da dos veces!»[2] Lo concedido a cambio de una humilde plegaria ha de agradecerse dos veces. Si ves la crátera vacía, despojada de Yaco, concédeme de postre una botella repleta. Me dará fuerzas para concluir el trabajo y cerrar este libro con una conclusión adecuada.

AL LECTOR

Bebe una copa, novicio, y que el falerno te ayude a almacenar mis enseñanzas. Despéjate y aguza el oído, te lo ruego, y aprenderás que los placeres de la borrachera son depravados y funestos y que una vida de sobriedad es el paraíso.[3]

EL JARDÍN DE LA EBRIEDAD: UN CUADRO (IMAGINARIO) DE APELES

La ingeniosa mano de Apeles dejó entre sus cuadros, monumentos de la Antigüedad que la docta Grecia celebra en sus tratados, una obra maestra que sobrepasa a sus dos Venus, la que surge desnuda de entre las olas y la que dedicó al pueblo de Cos pero dejó inacabada. Trataré de describirla, por más que su belleza sea superior a mi canción y su técnica inefable sobrepase a mis versos.[4]

El entorno

Ancho y amplio es el prado verde. En su centro, un jardín con árboles protegido por un seto. El jardín está cuajado de flores en arriates bien dispuestos. Por doquier, un bordado de abundantes flores primaverales. Por aquí lirios, por allá romero, la blanca alheña y la rosa roja. Canteros de violetas moradas y rosas escarlata. Vibran los colores de la primavera. Bahrain no exhala el perfume de fresco incienso que aquí se respira. Los capullos de las fragantes rosas de los montes Ibleos no estallan como aquí. La belleza de ambos lugares motea el campo y, al llegar la primavera, el prado y el jardín se visten de flores. Un viñedo primorosamente cultivado corona el jardín con pámpanos nuevos de sus fértiles vides.

La entrada y la salida del jardín

A la derecha, una alta verja crea un ancho pórtico por el que entran los visitantes. A la izquierda, un angosto pasillo al que se llega por un sendero casi desierto hace las veces de salida. Zarzas y escaramujos lo invaden, y afilados espinos y espesa maleza lo hacen impracticable. El sendero de la derecha, en cambio, está muy transitado, pues conduce a la mullida y verde hierba y a las delicadas rosas.

Los invitados a la fiesta

La multitud abarrota el sendero. Jóvenes y ancianos lo recorren a buen paso. Delante de las puertas se yerguen carpas de blanco lienzo y hay asientos de hojas y lechos de hierba. Reclinados en ellos, una multitud de invitados disfruta del banquete; frente a ellos hay dispuestas mesas de fiesta. Llevan la cabeza adornada de guirnaldas de rosas y ríen y apuran copas de vino.

La fiesta de Gozo y Templanza

Por los asientos el pintor añadió ninfas en la flor de la edad. Parecen rellenar con vino de las ánforas las copas de los huéspedes reclinados y los entretienen de diversas formas.

La primera, Templanza es su nombre, modesta de semblante y atuendo, es la anfitriona del lugar. Sentada en su trono, recibe a los invitados. Los acompaña a su asiento la segunda ninfa, Gozo, de rosadas mejillas y rostro sereno y resplandeciente, generosa en el aplauso y el regalo de la felicidad.

Por el blando prado las demás Gracias actúan como camareras y atienden diligentemente a los invitados. Llevan recipientes en las manos y ofrecen vino a los comensales.

También se observa una bella escena en la que unos huéspedes beben sentados en sofás y se divierten de varias formas. Aquí practican el pugilato en una alfombra de hierba, allá lanzan el disco y más lejos danzan. Hay quien conversa y otros parecen entonar alguna canción. De hecho, por aquí y por allá hay instrumentos musicales para uso de los invitados: un oboe, una cítara, flautas, laúdes, liras... En suma, la diversión, los juegos, los placeres, las canciones y el amor moran allí en un ramillete de deleites. Los más refinados placeres están disponibles, tan espléndidos en su moderación que los reyes más poderosos podrían disfrutarlos sin que se resintiera su majestad.

Cuando el banquete toca a su fin, con el corazón ligero gracias a los dones de Baco, los invitados se despiden de Templanza, su anfitriona, y regresan a casa con el rostro feliz, relajado y resplandeciente de alegría.

La fiesta de Ebriedad

La resaca en la puerta

No faltan quienes no están hartos de beber y se precipitan en el jardín insultando a su anfitriona, Templanza. En la entrada al jardín hay una mujer con la cara enrojecida y la piel abotargada que se llama Resaca. Señala a la puerta abierta de par en par con la cabeza y las manos invitando a la muchedumbre a seguirla.

Para que entendáis bien el horripilante aspecto del jardín, escuchad el breve poema que a continuación os ofrezco.

El séquito de Ebriedad

Preside el centro del jardín una mujer ataviada con atuendo real, totalmente borracha y rodeada de un séquito de mujeres. Una corona de hierba le ciñe el peinado y sostiene en la mano una pátera con gesto de ir a beber de ella.[5] A su lado, sus sirvientas traen vino en páteras y cílicas para que beban quienes penetran en el jardín. A juzgar por su atuendo y la expresión de su rostro, la primera de ellas se llama Demencia; la sigue Autocomplacencia. La tercera es Amnesia, nacida en la ribera del Leteo. La cuarta está sentada en el suelo con cara de pazguata. Creo que es Aflicción, hija de Apatía; está agarrada a un ciato y tiene aspecto de haberse desmayado. No muy lejos de ella está la quinta, Conducta Beoda, eterna acompañante de la feroz Bronca. Insensatez, Furia y su hermana Locura ocupan el último lugar.

Los monstruos que las acompañan
Alrededor de estas mujeres hay osos, becerros, perros molosos y montones de caballos arcadios de largas orejas, borregos que balan y cabras y simios y lobos y vacas y jabalíes rabiosos, todos los cuales han cambiado la forma humana para convertirse en seres monstruosos tras trasegar el vino que les ofrecían las mujeres. Cuando entraron en el jardín eran seres humanos con rostro humano,

y como humanos permanecieron algún tiempo. Pero en cuanto probaron la bebida se transformaron en bestias y hasta el último de ellos perdió su aspecto original. Adoptaron su nueva forma de inmediato, como si hubieran apurado un cáliz lleno de las pócimas de Circe.

Apoteosis de Ebriedad
Al observar estos detalles, por un momento creí que la reina que se alzaba en el centro de la escena era de hecho la misma Circe, pero me equivocaba. Es Ebriedad, apodada en griego *Methes*, reina de los bebedores de vino.

El repugnante proceder de los monstruos
¡Qué repugnante revoltijo de bestias! ¡Qué revelación de su alma! Rebuznan estruendosamente a coro, todos al unísono, todas las bocas abiertas de par en par. Mientras tanto, algo más allá, unos borregos vomitan vino, señal de son borrachos ingenuos. Cerca de ahí unos perros lamen los trozos de vómito y los cerdos se revuelcan en la mugre

y eructan serpientes aterradoras y lagartos verdes (¡Que me ahorquen si miento!). Los becerros y las vacas vomitan ranas y langostas y las cabras gemas de ocho caras.[6] Los burros, por su parte, regurgitan libros; los osos, espadas y garrotes; y los lobos, gatos y ratones. Los simios saltan impúdicos por todas partes, la mayoría ataviados con guirnaldas de flores. A poca distancia, los osos van de acá para allá dándose dentelladas y arrancándose la carne a mordiscos unos a otros, mientras los lobos enloquecen de ira. Furia y Locura los azuzan para que se maten entre sí, enzarzados en una guerra bestial.

Los monstruos despiertan y abandonan transmutados el jardín

En el extremo izquierdo, donde se encuentra la salida del jardín por la puerta pequeña que da al sendero poco transitado, los desventurados cuerpos de las bestias yacen enmarañados unos con otros entre el fango y el vómito, desmayados y aturdidos por los golpes y el vino. Parecen un amasijo de animales muertos. Algunos despiertan del sueño, se ponen en pie lentamente y vuelven a atiborrarse. Otros, habiendo recuperado la forma humana, aunque aún cubiertos de pelaje animal, han recobrado la sobriedad y se dirigen a la pequeña puerta. Parten a pie del jardín, temblorosos y con paso incierto, desfigurados y mutilados. La multitud de semianimales que sale del jardín recuerda a los centauros que moran en las montañas.

Las arpías esclavizan a las bestias transmutadas

Unas viejas los reciben al salir con sogas y cadenas. Los agarran y aprisionan; a los obedientes los someten a latigazos, a los rebeldes los apalean con garrotes despiadadamente. De todas ellas, al frente está la más cruel. Débil de articulaciones, el rostro medio pálido y medio ruboroso, a no ser que me equivoque se llama Fiebre. Edema, una vieja gorda de complexión amarillenta y sulfurosa y miembros abotargados, atormenta a la multitud. Psoriasis, con el cuerpo plagado de costras, desfoga su ira contra no pocos cautivos: a unos los patea y arrastra del pelo a otros. Pero la que más se ensaña es una mujer harapienta que azota con todas sus fuerzas los cuerpos desnudos. Los que observan el cuadro reconocen en ella a la escuálida Pobreza, con su aspecto de mendiga famélica y consumida. Vejez y Muerte conducen un veloz carro con el que atropellan por igual a jóvenes y a viejos.

Muchas otras, cuyos nombres ignoro, someten al yugo a los prisioneros.

Conclusión

Tales son las escenas que pintó la experta mano de Apeles. Me limito a describirlas sin la destreza que merecen, pero lo mejor que puedo, consciente de que mis versos no pueden competir con el genio del cuadro. Pasaré ahora a explicar brevemente su significado.

INTERPRETACIÓN DEL CUADRO

Este antiguo cuadro es la representación de dos formas de vida. Es un espejo de la felicidad que brinda la moderación y de los horrores del alcoholismo. El reino exterior pertenece a la felicidad. El del alcoholismo está dentro: es el reino cubierto de enredaderas de la mansión cerrada y florida.

El sendero que conduce al jardín y la muchedumbre que lo transita simbolizan que, en efecto, *sí*, todas las personas persiguen afanosamente la pereza y son arrastradas con violencia por el corazón y la mente hacia los placeres, y sin embargo,

- El primer grupo respeta los límites y regresa a casa con la razón intacta tras disfrutar del vino con moderación.
- El segundo ignora los límites del disfrute y pretende participar en bacanales a diario dentro del cercado. Los borrachos beben sin tregua hasta perder por completo la razón y degenerar y convertirse en animales. No se detienen cuando es razonable; no paran hasta que los obliga la dolorosa enfermedad o la pobreza se los lleva como animales desamparados y los abandona para que mueran de hambre.

EL VERDADERO ROSTRO DE EBRIEDAD

Esta es Ebriedad y estos los dones con que premia a sus acólitos, dones que no desearíamos ni para nuestro peor enemigo. Ebriedad es un mal demencial, veneno delicioso, destrucción cubierta de azúcar, tristeza garrapiñada. Ebriedad es vicio horrible y placer deshonroso. ¡Huid de ella! Es una enfermedad que atormenta cuerpo y alma.

Hoy en día viejos y jóvenes se arrodillan ante su altar y destierran del pueblo a Sobriedad. ¡Insensatos! Creedme, no hay peor peligro. Es el camino más rápido para echar a perder mente y cuerpo. No dejéis que nadie, por poderoso que sea, os induzca a seguir sus pasos por sendero tan pernicioso.

EL EXCESO DE BEBIDA EN EL TRABAJO

¡Aunque hoy en día en la corte abundan los vicios, ninguno se haya enseñoreado más de los salones de los poderosos! A veces la vida cortesana es una perpetua borrachera, semejante a la que domina las ciudadelas, y sucede que los ojos hinchados de los cortesanos ven mal al tesorero, al caballero, al alcalde, al escribano, al cocinero o al arriero que se presentan sobrios al trabajo. Miréis donde miréis, reinan los borrachos con el tirso por cetro y los gobernantes se pasan la vida beodos.[7] Novicios míos, si sois capaces de beber como elefantes obtendréis prebendas en la corte. Los caballeros de hoy no tienen otra afición. Solo quieren hacerse famosos por sus tragaderas. Hombres cuyos corazones y brazos hasta hace poco no se arredraban en la guerra, hombres que celebraban las hazañas y la bravura de Héctor, se han pasado al mórbido bando del afeminado Lieo y desdeñan a Marte mientras se dedican, perezosos, a la bebida, cambiando escudo por escudilla, lanza por tirso, casco por guirnalda.

TRASEGAR ES LA RELIGIÓN DEL PUEBLO (Y DEL CLERO)

Por Dios, ¿hay actualmente locura que idiotice a nuestro país de manera más nefasta? ¡La embriaguez gobierna las ciudades! Cuentan que en cierta ocasión los espartanos emborracharon a los esclavos y los expusieron ante sus hijos para que aprendieran a abominar este vicio desde pequeños con la contemplación de sus efectos en la conducta del ser humano.[8] Hoy en día, por el contrario, los padres siguen el ejemplo de los esclavos de Esparta y enseñan a sus hijos a emborracharse.

La gente no desea más que trasegar. La mayoría de la población es adicta al vino y le encanta beber hasta estar borracha. ¿Qué hay de los monjes abstemios, sobrio modelo de la vida frugal, por no decir penitente, que no predican otra cosa que la santa sobriedad y con la misma lengua dicen «Sed» en el púlpito y «¡Más vino!» en la mesa? Andan todo el día de parranda. Están enganchados a engordar sin freno, y como viven autoindulgentes, su único trabajo es embriagarse todo el tiempo. Si os paráis a pensarlo y observáis la vida que llevan, veréis que el único fin de tal coro de santurrones no es otro que:

- rameras,
- placeres,
- cenas con bebidas finas,
- regalos,
- lujos,
- sabáticos,
- manjares,
- holganza,
- juegos de dados,
- atracones obscenos,
- tabernas,
- indulgencia por sus crímenes y
- una vida sin trabajo.

Y así, con su tonsura, sus órdenes y sus hábitos lujosos los vemos hasta en el último maldito rincón de la tierra.

EL EXCESO DE BEBIDA SE HA CONVERTIDO EN UNA VIRTUD MASCULINA

La embriaguez, por decirlo en dos palabras, ha conquistado el globo. El planeta rebosa de hombres que beben en demasía. Esta es la carretera gastada que todos quieren transitar.[9] La vida frugal ha pasado de moda. Todo el mundo ha caído en las garras de una monstruosa adicción al alcohol:

- Hoy en día cogerse una curda se considera la mayor de las virtudes. Nadie cree que quien critique esta costumbre esté sobrio. Así es como se persigue la fama y la gloria; así es como se forjan la reputación y el buen nombre; así es como se convierte uno en persona influyente y deja huella.
- Hoy en día a nadie se le considera bueno o curtido si no es capaz de endilgarse un tonel de vino. A quien le fallen las fuerzas a la hora de trasegar o no sea capaz de bajarse una copa tras otra, se le tiene por perdedor.

Por ello, los que siguen el ejemplo de la plebe se ven arrastrados a la perdición y, como los compañeros de Odiseo, no abandonan el loto una vez han probado su dulce medicina. Odiseo, ni las seductoras sirenas seguirán tu ejemplo si saltas del barco para nadar en el océano de vino.[10]

EL CAOS QUE DESATA EL EXCESO DE BEBIDA

Queridos jóvenes, hacedme el favor de observar con toda atención las malas conductas. Fijaos en los terribles pecados que cometen los borrachos cuando pierden la razón. Hacedlo y os daréis cuenta de que es un panorama desalentador y caótico como no hay dos. Juraréis que el veneno de Circe ha convertido a los humanos en monstruos salvajes. La sola contemplación de una fiesta de borrachos os hará protestar a gritos y aullar de consternación:

¡Fuera de mi vista, alcohólicos degenerados! ¡Apartaos de mi camino, cerdos! ¡Fuera de aquí, repugnante hatajo de aberraciones con tirso! ¿Creéis que os diferenciáis en mucho del ganado, borrachos del demonio? Os voy a hacer una pregunta seria: ¿Qué culpa, qué locura mueve vuestro corazón? ¡Esto no es «divertirse», so beodos, esto es una enfermedad mental! ¡Esto no es «beber» vino, esto es «desperdiciarlo»! Solo los que creen que la virtud es una palabra sin sentido y desdeñan la buena reputación se unen a vuestra piara de borrachos degenerados y disfrutan de vuestro bochornoso modo de vida.

LOS BORRACHOS SON PEORES QUE ANIMALES. DESPRECIAN LOS DONES DE DIOS

Cuando los hombres se rebajan a ese tipo de vida pierden la forma humana y el raciocinio. Los animales irracionales, sin embargo, no beben de esa forma porque saben parar naturalmente. Por lo tanto, ¿son los hombres incapaces de contenerse con el alcohol más repugnantes que cualquier bestia? El ser humano, creado por Dios a su imagen y semejanza, y engalanado por Él con el hermoso don del alma, el hombre, repito, debería avergonzarse de sí mismo: el muy bestia tiene unas tragaderas que superan las de cualquier animal. De hecho, las de cualquier ser vivo. El Divino Agricultor de la elegante vid no concedió a la tierra el hermoso don del dulce vino para esto:[11]

- Cuando nos concedió el vino para aplacar la sed nos ordenó no abusar de sus prodigios.

- No nos ha prohibido usar el deleitoso néctar de forma responsable, pero
- sí que nos ha enseñado a no declarar la guerra a los buenos modales.
- No soporta a los que se emborrachan continuamente. La embriaguez habitual es pecado.

No obstante, nuestro Padre tampoco corre enfurecido a tomar sus armas cada vez que bebemos con más avidez de la cuenta.

Cogerse una curda de vez en cuando no es grave

Cuando somos prisioneros de Baco, no es raro que el taimado vino nos juegue una mala pasada. ¿Hemos metido la pata sin querer? No es para tanto. Pifiarla de cuando en cuando no es motivo de censura. Hacerlo a diario sí. Persistir en el error merece reprobación y castigo: la embriaguez habitual debe ser castigada.

En las fiestas comportaos con mesura, no con locura

¡Sed comedidos en las fiestas! Alegraos de llenar hasta el borde las cráteras de los amigos y las copas de los invitados. Templad el ánimo con deleitoso falerno cuando estéis inquietos y os aqueje la preocupación, pero siempre sin pasaros de la raya. Todo en este mundo tiene su límite, pues de lo contrario habéis de correr con el riesgo de que vuestra razón se hunda, su casco se rompa por el mucho vino y os convirtáis en hombre al agua, moviéndoos arriba y abajo entre las botellas.

Bebed para alegraros, no para perder la conciencia, como se estila hoy en día

En las fiestas que hoy en día celebran mis paisanos para desmadrarse reina Ebriedad sentada en su trono. Nadie, insisto, nadie, venera a Baco con la moderación y el comedimiento debidos. Echad un vistazo a los invitados a una fiesta en casa de cualquier amigo y veréis que estoy en lo cierto. Nadie deja de lado las preocupaciones, permite que el néctar lo relaje y trata de olvidar los problemas con una charla ligera y amena; a nadie se le ocurre honrar a la modesta Templanza; nadie siente el más mínimo respeto por Sobriedad. Hoy en día es prácticamente imposible encontrar en el mundo a alguien que no se adentre en el jardín a la carrera y sin freno.[12]

LOS ESPANTOSOS HÁBITOS ALCOHÓLICOS DE LOS ALEMANES

Cultura de la borrachera

Queridos lectores, no es necesario buscar ejemplos en lugares remotos, fijaos solo en el refinamiento de las fiestas que se celebran en nuestro país, en las que el objetivo principal del anfitrión es que todo el mundo regrese a casa a cuatro patas. En realidad, es su única meta.

Desde el primer momento hay Lieo y batallas de vino, primero una copa, luego otra, después una tercera... En cuanto se vacía una, se sirve otra. Las paredes retumban del estruendo. Aparece una crátera de falerno joven y otra de añejo. Un tipo nos desafía a beber la primera y otro a apurar la segunda. El rojo vino corre por la habitación en copas de cristal. ¿Acaso alguien cuenta los vinos exóticos y artificiales que solo el más glotón es capaz de engullir? Muy pronto, además de vino, se consumen tragos de cerveza, una idea concebida, supongo, un día en que los dioses andaban trastornados por algo. Antes de que pase mucho tiempo, los aparadores chorrean vino, los asientos se están bañando y el suelo empapado bebe y bebe sin parar. Ríos y más ríos corren por las mesas. Juraría haber visto botellas flotando más de una vez.

Tal es el exceso; tal es el desperdicio; tal es el rebosar y ahogarse de las copas llenas. Nadie se lleva las manos a la cabeza ante este ultrajante panorama. Todos gritan; «¡Así se corren una buena juerga los auténticos germanos!».[13]

Obscenidades

¡Menudas guarradas, menudas obscenidades se le ocurren a esa panda de borrachos cuando se deshacen de sus inhibiciones y el indomable vino conquista los corazones y las lenguas trapajosas dan vueltas en sus alcohólicos cubiles! A partir de entonces, el lenguaje no conoce modales ni respeto; no se hacen consideraciones a la decencia; no se tiene en cuenta el oído de los niños y se pronuncian todas y cada una de las palabras que escandalizan las sensibilidades tradicionales. Saltan a la palestra

- las historias lascivas narradas con lenguaje obsceno,
- los cuentos de amoríos y aventuras
- los escandalosos flirteos y
- el sexo.

Cuando los *caballeros* se emborrachan

- presumen de sus durísimas erecciones,
- desembuchan sus sucios encuentros sexuales,

- cantan canciones groseras y divertidas, y

al final los presentes no hacen más que vomitar ponzoña vinosa.

¿Os dais cuenta? Son los cerdos rellenos de serpientes y lagartos que largan veneno de serpiente por la boca.[14] Y ese veneno es más tóxico que el de

- la víbora,
- la salamandra,
- la serpiente,
- el áspid,
- el sapo,
- el lagarto o
- el dragón.

¡El rostro del mortífero basilisco no es tan nocivo! ¡El abominable acónito no es tan dañino! Dudo que los poderes narcóticos del áspid sean tan potentes y el asqueroso tritón tan virulento como el veneno de esa indignante charla y el daño que causan sus escandalosas lenguas. La gente normal se esfuerza por parecer sofisticada, pero en este entorno, cada cual quiere superar a los demás en decir porquerías. Y si primero competían con vino, ahora esas bocas obscenas compiten por soltar palabras de mal gusto. Es vergonzoso.

Lenguas desatadas

Y lo que es peor, a muchísimos borrachos les da por revelar secretos que hasta entonces guardaban para sí. Bajan la guardia y su lengua aturdida por el alcohol acaba por traicionarlos y largan en público los asuntos que antes callaban. También está el problema añadido de que frecuentemente las obscenidades que lanza por la boca el que está curda perdido suelen volverse en su contra y rebanarle el gaznate. Aunque suene a tópico, ese refrán tan frecuentemente citado de que «el vino sin moderación no tiene ni freno ni timón»[15] es cierto.

Creedme, el que sobrepasa una dosis razonable de vino pierde el dominio de la mente y de la boca. Cuando está borracho, suelta de forma estúpida los secretos que tenía silenciosamente encerrados en el corazón cuando estaba sobrio. La lengua aturdida revela lo que el corazón sobrio esconde y pregona lo que ha estado oculto. Desgraciadamente también revela los rencores encubiertos, así que estos tipos acaban traicionados y puestos en evidencia por sus propias palabras. Y por eso vomitan ratones.[16] Es vergonzoso.

Sermones sin sentido

A alguno le da por la Biblia cada vez que se emborracha. Estos son para morirse de risa. No dejan misterio teológico por escudriñar:

- Cómo la fe nutre, asiste y beneficia a los creyentes,
- los dones de la Biblia,
- los dones de Cristo,
- los dones de la Gracia,
- lo que el hombre puede lograr con el libre albedrío frente a los mandamientos,
- los elegidos por Dios para la vida eterna y
- los condenados a las llamas del infierno.

Al hablar de estos temas, suele surgir la discordia entre los que beben en exceso. Cada vez que se toca la religión, se desata una enorme bronca, ya que nadie admitirá una sola derrota de su ingenio. Porfían agresivamente en su absoluto conocimiento de todos los aspectos de la ley divina, por muy abstrusos que sean. Así es como los poseídos por la gula de Baco prostituyen los misterios de Cristo, que deberían ponderarse y meditarse con sobriedad.

...Y encima es todo hipocresía

Hermanos bebedores,[17] animales despreciables de mi corazón, a menudo vuestras disputas me hacen reír porque mientras perdéis el tiempo discutiendo como idiotas sobre el sentido de las buenas obras, no se me escapa que no estáis realizando ninguna, ni haciendo nada de provecho, so holgazanes. Y, permitidme que os lo diga, al confiar en los amigos mientras el refectorio se endilga sus tristes vasos de vino, aceptáis alegremente una copa mientras el de al lado se baja diez...

La conversación versa sobre un solo tema: *debilitar la carne con ayunos obligatorios no sirve de nada*. Los borrachos no apoyan sus argumentos con palabras, sino que prefieren demostrarlos con hechos, por eso nunca ayudan cuando se les ordena y se niegan a mortificar el cuerpo ayunando. No... El adicto al vino y la parranda sin fin se pasa la vida llenando la panza a base de comilonas. A mucha gente le asombra que no sufran de hambre ni de sed. Sin embargo, cuanto menos les atormenta la sed a estos niñatos malcriados, más beben como arcoíris.[18] Para mí que son las tinajas sin fondo en las que las cincuenta desventuradas hijas de Danao vertían sus aguas infinitas: cuanto más alcohol engullen, más alcohol ansían. Así son los clérigos a los que el exceso de vino convierte en cerdos de la iglesia de Epicuro. Que nadie se sorprenda si en nuestro cuadro estos imbéciles ignorantes vomitan libros que nunca han leído.[19]

Mientras tanto, las posibilidades de una vida fácil crecen al mismo tiempo que la ira de Dios, que solo un tonto se tomaría a la ligera. Los borrachos no se molestan en buscar a Dios ni temen a la ira del Todopoderoso. En semejante estado, ¿quién se acuerda del Día del Juicio? ¿Quién piensa en la muerte que a todos nos acecha? Para los borrachos, Dios y el paraíso son un mito, Satán y sus secuaces son otro, y el Averno, uno más. No les conmueve la dura y amenazante voz de san Pablo que proscribe a los borrachos del Reino de Dios.[20]

LA VIDA BEODA EN TODA SU DIVERSIDAD

¿Quién es capaz de compilar el catálogo de la vergonzosa conducta de quienes llevan encima varias botellas de vino? ¡Yo preferiría clasificar

- todas las maravillas del mundo o
- la diversa fauna del continente africano o
- las orillas de Jonia, donde rompen las olas y el cruel viento del norte agita la inmensidad del mar o
- todas las conchas del Mar Rojo o

- las rosas fragantes que florecen en la siciliana Hibla!

Prefería enumerar los detestables pecados de los papas, que no cabrían ni en una nueva *Ilíada* si a alguien le diera por escribirla, ya que en lo tocante a pervertir las palabras que pronunciara Cristo nuestro Señor, el Papa ha engañado al mundo entero con sus leyes. Preferiría enumerar los engaños y artificios de los que ha echado mano ese impostor con el fin de robar y acumular la riqueza del mundo entero, y las innumerables almas que ese «padre» mojigato, ese «Obispo de Roma» y sus sicarios han arrojado a las llamas del infierno.

Catálogo de borrachos

Cuando la gente anda cargada de vino,

- uno llora
- otro ríe sin parar.
- Uno presume de rico,

otro alardea de la belleza de su mujer y sus hijos,

- un tercero se convierte en bufón y mendigo: aunque está forrado, se lamenta de las facturas que tiene que pagar y llora su pobreza.
- El soldado borracho es duro como el acero y está presto para la batalla, pero cuando está sobrio huye del enemigo con el rabo entre las piernas al primer atisbo.
- Son muchos los que se vuelven sabios tras un par de tragos, de modo que quien hace un instante era un Midas se convierte de pronto en un Solón.
- Este desvaría,
- aquel grita,
- aquel otro se caga encima,
- el de más allá trasiega
- y el de acullá echa la primera papilla. Es repugnante, pero en cuanto termina, corre a rellenar la panza de nuevo y no pasa mucho rato antes de que le diga un camarero «¡Ponme otra!».

Con frecuencia incluso sucede (¡puaj!) que algunos de estos animales se tragan su propio vómito, como los perros comen trozos de lo que acaban de regurgitar.[21] Otras veces, transformados en héroes por el vino, se zampan algo nauseabundo que pondría enfermo a cualquier persona en sus cabales. Un trozo de cristal, una garrafa..., ni los pajarillos que cantan en sus jaulas están a salvo de sus fauces.

- Uno por allí cuenta que los cínicos danzaban con los genitales al aire, y sin dudarlo otro hace gala de un comportamiento aún peor.
- Otro por allá eructa, inmunda costumbre, mientras un cuarto, completamente desmayado, ronca arropado entre vómitos hediondos.
- Un quinto se enzarza en una discusión a grito pelado y rompe las copas contra el suelo lleno de charcos.

Unos cuantos, desnudos y cubiertos de barro, planean volver arrastrándose a casa a altas horas de la noche. A otros, pesados como una maleta de plomo, hay que remolcarlos hasta sus catres; mientras que, fuera, un tipo trasformado en torpe enamorado maúlla una tonada. Creedme, suena como una manada de lobos salvajes famélicos.

He aquí la ignominiosa comedia de los borrachos. Contemplad el escenario en el que los héroes pululan por doquier. Antes de que termine la función, permitidme mostraros el último acto.

Personajes de la comedia de la vida beoda

En esta comedia todos quieren ser protagonistas. Todos los actores son estrellas. Aquí los gobernantes no tienen problema en llevar la máscara del vil criado Dromo; aquí los nobles príncipes no se avergüenzan de hacer de payasos. ¿Qué puede hacer la gente normal cuando ve a las personas principales beber sin medida? Al fin y al cabo, el cuerpo sigue siempre las órdenes de la cabeza.

Y aunque quienes aún se tienen en pie no están dispuestos a abandonar el escenario si no es entre palmas y ovaciones, nadie sigue el guión. Ninguno de los borrachos desea complacer al público. Suelen organizar espectáculos deleznables para sus superiores y solo consiguen hacer reír a los niños. Por ejemplo,

- trastabillan por la calle tambaleándose a causa del alcohol,
- se enzarzan en peleas y arman un escándalo para que toda la ciudad cotillee a la mañana siguiente,
- alardean en voz alta y pretenciosa:

> Borracho n.º 1: ¡La otra noche me he puesto ciego!
> Borracho n.º 2: ¡Pues yo he bebido más que X tipos y he conseguido sin ayuda de nadie que midieran el suelo!
> Borracho n.º 1: ¡Pues yo llevo bebiendo X noches seguidas sin parar!
> Borracho n.º 2: ¡Te juro que hace días ya que se me fue la cabeza!
> Borracho n.º 1: ¡Pues yo me he puesto tan curda que me he perdido y he amanecido roncando en una pocilga X veces!

EN RESUMEN: EBRIEDAD ES FEÍSIMA

¿Hay algo más repugnante e indigno que Ebriedad? Nos hace olvidarnos de quiénes somos. Es la madre de la desfachatez, hace que la gente olvide quién es e incurra en todos los pecados que van contra su carácter. Sean quienes sean, les arrebata el autodominio. Los hunde en el abatimiento y de tal forma los debilita, queridos lectores, que los pies, la mente y la lengua les dejan de funcionar.[22]

El vino sin medida embota el intelecto. El exceso de alcohol mina la voluntad. Sin *Arte*, a Baco le sigue un cortejo de ménades dementes, monstruos borrachos que solo saben beber sin pausa. Baco borra las diferencias. No permite a los humanos ser humanos.

SIN EMBARGO, LA CULTURA DE LA BORRACHERA PERSISTE

A pesar de todo, Baco es campo abonado para cosechar gloria y fama. Los borrachos están poseídos por la ardiente ambición de hacerse un nombre a su costa. Creen que ser considerados «bebedores invencibles» tiene más mérito que ser llamados personas «comparables a Héctor en hazañas». Esta es la fama que persiguen en loca carrera, esta es la fama de la que disfrutan y alardean de haber arrebatado a otros. Pero,

- si el renombre procede de una negra reputación,
- si la fama prístina procede de una indigna conducta,
- si la infamia de la que huimos es en realidad madre del elogio eterno, y
- si las escandalosas fiestas brindan respeto inmortal,

¿quién no esperaría entonces, dulce Yaco, que tus borrachos la alcanzaran y vivieran por siempre?

Pero la gloria no proviene de la fama por la ignominia, ni proviene de la desvergüenza. El sendero de la grandeza es angosto, escarpado y abrupto. Está repleto de puntiagudos y dolorosos cardos, pero es ahí donde forjan fama y reconocimiento los que superan las peores adversidades por amor a la buena reputación. La grandeza existe, la grandeza debe ganarse no con vino sino con sudor. El éxito aumenta la gloria de la fama.

Borrachos de torpe lengua, ¿qué reputación os granjean vuestros logros? ¿De qué os sirve la reputación si se os elogia por vuestro vergonzoso y demencial deseo de ser campeones del beber (deseo que los que están en sus cabales desprecian y critican)? Claro, claro: os labráis un «nombre, fama y grandeza» por convertiros en odres llenos de alcohol o porque no hay bebedor capaz de competir con vuestras insaciables gargantas. ¡Eso es como vencer a un remolino, a un Caribdis sin fondo, o tratar de tumbar a la propia Iris en una competición de bebida!

Por culpa de este vicio, Aquiles, en un arrebato de cólera, insultó a Agamenón con palabras venenosas y airadas.[23] Si ser un borracho ridículo fuera verdaderamente un signo de grandeza, alguien lo habría elogiado ya en un héroe de la talla de Aquiles.

EL VERDADERO SIGNIFICADO DE LA EXPRESIÓN «DESTREZA» EN EL BEBER

El que se emborracha pierde la humanidad. Se convierte en un animal salvaje y actúa con absoluta desvergüenza. El resultado es que pierde el afecto de todos.

En una manada de beodos o cofradía de borrachos, el protagonista y el que tiene mejor reputación es el que es conocido por los dueños de los burdeles, por las fulanas, camareros, borrachos, rameras, cocineros, parásitos, tahúres, chulos, gorrones, clientes de los burdeles más cochambrosos, prostitutas, barberos, lacayos y todo tipo de gentuza.

Oh, pero solo cosecha fama verdaderamente ilustre y recibe auténticos elogios cuando la pandilla de malhechores alaba su garganta. Tiene gracia que siempre que trata de impresionar a los demás, la gente lo tilde de perdedor y de escoria indeseable.

ADEMÁS DE ACABAR CON VUESTRA REPUTACIÓN, ACABÁIS CON VOSOTROS MISMOS

Siempre que alternéis con gente así estaréis pensando como ellos que la vida es mezquina e inútil como una manzana podrida que tiráis a la basura, y encima le estaréis haciendo al cuerpo cosas horribles. ¡Borrachos, vais a morir pronto, y vais a morir rápido! Qué vergüenza... Para que lo sepáis, perdedores, beber más vino del que os conviene os transforma en asesinos... de vosotros mismos. Os lo garantizo.

El cielo ahoga los campos de labor con el exceso de lluvia, pero cuando llueve moderadamente, la tierra reseca se alimenta. El vino en exceso es perjudicial, pero beneficioso en su justa medida. Los inteligentes tienden a lo último, los estúpidos a lo primero.

SEÑALES Y SÍNTOMAS DEL ALCOHOLISMO

El hedonismo agrava los problemas de salud. Produce todo tipo de enfermedades y padecimientos.

Bajo los efectos del vino, los miembros del cuerpo pierden la fuerza y este sufre cambios terribles. El vino produce

- temblores y grave balanceo de la cabeza,
- manifiesta y duradera palidez de rostro,
- temblor de manos y rigidez de dedos cuando la temible quiragra ataca las articulaciones,
- pérdida de vigor y sensibilidad muscular y flacidez,

- la gota retuerce los pies y les roba la firmeza, ojos llorosos y perpetuamente enrojecidos,
- intensos dolores de estómago (porque está envenenado),
- acúfenos espantosos como horrísonas cigarras zumbando entre los zarzales,
- amplia variedad de males, entre los que se cuentan
    - psoriasis,
    - sarna,
    - hidropesía grave
- muerte repentina, vejez sin amigos, cadáveres descubiertos solos en la cama la mañana siguiente,
- delirios nocturnos,
- sueño inquieto y plagado de pesadillas,
- la famosa y fétida halitosis (ni las alcantarillas huelen tan mal).

En resumen, el cuerpo entero está al borde del envenenamiento. Lo último es la muerte por distintas causas.

El que se libra de estos males en la flor de la edad sufrirá otros peores en la vejez, por supuesto si el alcoholismo con sus botellas rebosantes no le ha brindado una muerte amarga y prematura. Los que se pasan los años de la universidad bebiendo están condenados a una vejez enferma y sufriente, después de que haberse visto asolados entre tanto por múltiples padecimientos. La estupidez y la necedad siempre pasan factura: el precio de la falta de moderación y la autoindulgencia es la enfermedad.

Cuando finalmente, y demasiado tarde, intentamos abandonar semejante estilo de vida, siempre aparece una multitud de gente que intenta evitarlo: son las arpías que acechan a los alcohólicos y juerguistas empedernidos.[24] Es el precio de tratar de alejarse de lo que nos acabará conduciendo a la locura, a la furia,[25] a tanto daño en nuestra vida miserable, y a pérdidas que ni Apolo podría remediar.

Al final, cuando el cuerpo está ya completamente envenenado por Yaco, sobreviene una pérdida total de memoria. Los litros y litros de vino destruyen la parte del cerebro donde se almacenan los recuerdos igual que las olas del río Estigia borran la vida pasada de la memoria.

EJEMPLOS FAMOSOS DE EXCESO DE BEBIDA

Aunque no hablaré de los conflictos, discusiones, líos extramatrimoniales y peleas a puñetazo limpio que tienen lugar durante el reinado de Ebriedad, pues cuando la causa está clara como el agua no hace falta citar a más testigos, sí me gustaría mencionar unas cuantas cosas.

Además, ¿para qué molestarse en buscar ejemplos en lugares lejanos? Digámoslo ya: ¿qué derrotó a los campesinos no hace tanto tiempo? Su insurrección borracha asoló caseríos y campos con fuego, locura, violencia, sangre, masacres y muerte.[26]

- Por culpa del vino de Campania, el invencible Aníbal fue derrotado y entregado al general de los ejércitos romanos.[27]

- Alejandro Magno, cegado por el vino, tiñó de sangre el banquete con la sangre de su fiel amigo Clito.
- ¿Qué crímenes causaron la caída y ruina del emperador Vitelio? La sed de sangre, la afición a las furcias y el alcohol.
- Un estilo de vida semejante destruyó a Nerón: se convirtió en un devoto de Sardanápalo.

¿Para qué seguir mencionando gobernantes derrocados del trono y despojados del poder por culpa del vicio del alcohol?

Estudiad la historia de Roma y comparadla con la nuestra si queréis profundizar en estos temas. Si lo que decían los antiguos bardos es cierto, entonces

- los lapitas sucumbieron al exceso de alcohol.
- Polifemo no habría perdido su único ojo si no hubiera bebido de los odres de Odiseo.
- Judith decapitó a Holofernes cuando dormía la mona (según nos cuenta la Biblia).

- Ebriedad, madre de los pecados más nefastos, fue el motivo de la destrucción de Sodoma y Gomorra.

¿Cuántos universitarios jóvenes y prometedores se pierden hoy en día por culpa del vicio del alcohol?

EL ABUSO DEL ALCOHOL
CONDUCE A LA RUINA

Una vez que Ebriedad nos roba la fuerza física, procede a robarnos también la cartera. Ebriedad ha batido el récord de Hércules en cuanto a posesiones. Ebriedad es capaz de devorar la riqueza de Craso. Es el motivo de que las fortunas y los patrimonios familiares acaben en la ruina.

La eterna compañera de Ebriedad es Indigencia, siempre en harapos, y a su vez la compañera de Indigencia es la infernal Laverna: cuando las otras dos nos hayan dejado en cueros, ella nos obligará a cometer perversidades y nos tentará a conseguir dinero por medio de actos inmorales que nos conducirán a una muerte indigna que por fin pondrá fin al alcoholismo.[28]

Como veis, el estómago hambriento siempre desea atiborrarse de sus platos favoritos y descansar. Le encanta la holganza. Desea regar con copas una buena cena. Enloquece por los manjares, los platos exóticos, los productos de lujo... Pero si no tenemos las riquezas de Creso o la fortuna de Craso, muy pronto no podremos permitirnos ni vacaciones ni días libres. Los holgazanes nunca tienen dinero. La energía produce riqueza y la pereza la devora.

LA ADICCIÓN EMPIEZA CON EL HÁBITO

El ansia de beber aumenta con el hábito. Es imposible dejarlo sin dificultad. Imposible deshacerse de él una vez se empieza, queridos novicios. Creedme, el paladar joven no debe saborear esta sustancia que conduce a perversos placeres, pues con probarla una sola vez ya basta para tener dificultades a la hora de decirle adiós. Interponerse entre un perro y un hueso es mala idea: no le resultó fácil a Odiseo apartar a sus compañeros del loto que apenas habían probado con la punta de la lengua. El loto es un dulce veneno, una tentadora invitación a los placeres. Nadie es capaz de dejarlo una vez que lo prueba.

LA ADICCIÓN CONDUCE AL ABANDONO DE LA ESPOSA Y LOS HIJOS

Mientras andáis entre copas nadie cuida de vuestro hogar, vuestra mujer y vuestros hijos. Mientras estáis por ahí bebiendo como esponjas, vaciando copa tras copa y pasándolo bien, vuestra esposa llora desgraciada en el salón abandonado, desnuda, pasando hambre pues la despensa está vacía. O quizá, forzada por Indigencia, no tiene más remedio que coger el toro por los cuernos y poner su belleza en venta. Y bien puede pasar que también vosotros le seáis infieles, ardiendo de deseo por otra, pues la libido desatada ha sido siempre compañera de Baco. Vuestra conducta obliga a vuestra esposa a romper el voto de fidelidad del matrimonio que ambos jurasteis de buena fe. También puede que tenga que luchar con uñas y dientes por algo de comer y que tras pelear por la cena vuelva a casa a dormir sola en su triste lecho.

ANTICIPACIÓN DE LAS PROTESTAS DE UN AMANTE BORRACHO

Llegados a este punto, queridos borrachines, un maestro gruñón que cantaba vuestras alabanzas me grita que me calle.[29] Frunce el ceño porque me oye criticar lo mismo que antes él alababa:

> ¿Es esta la recompensa que merece mi rapsodia? ¿Yo elogio a Ebriedad y tú la criticas? ¿No te dicen nada los ejemplos

que he presentado para contradecirte? ¿No te hacen cambiar de opinión las innumerables civilizaciones que encuentran placer en la bebida? ¿No estás convencido de las innumerables virtudes del alcohol?

Creo haber refutado ya las tonterías de este tipo al demostrar los peligros del alcohol. No obstante, ya que se empeña en seguir cantando las alabanzas de todos los curdas que en el mundo han sido, como si el venerable tiempo ennobleciera al vicio, que elogie también a

- los infames adúlteros,
- las alcahuetas,
- las rameras,
- los ladrones de toda laya.

Sobre esa base, que cante también las alabanzas de cualquier fechoría que se os ocurra:
- La traición,

- la infidelidad,
- el latrocinio,
- el perjurio,
- el asesinato,
- la lascivia,
- el adulterio,
- el envenenamiento.

La cosa es que el «venerable» mundo clásico rebosa de vicios, no solo de borrachera e intoxicación. Queridos lectores, un vicio no es menos pernicioso hoy porque se practicara hace muchos años. Ni la popularidad ni los ejemplos de la Biblia (Lot engañado por sus hijas, Noé y sus excesos...) mitigan los peligros de Ebriedad. Por mucho que un borracho se excuse en la multitud o se rodee de santos, lo único que hace es agravar un error que debería haber evitado. Ni el número de pecadores es excusa para caer en el pecado ni la popularidad expía el vicio.

«Emborracharse aplaca la ansiedad», «La ebriedad cura los dolores del alma», dice. Estoy de acuerdo. Cuando la mente flota en alcohol no siente los mordiscos de la preocupación. Pero en cuanto la persona digiere lo bebido, duerme la mona y se serena, los problemas vuelven inmediatamente, mayores y centuplicados, y le hunden los colmillos en el pecho porque ha despilfarrado el contenido de su cartera y no puede perder más el tiempo bebiendo, le persiguen los acreedores, su esposa muere de hambre, el panadero le reclama su deuda, el carnicero tres cuartos de lo mismo... ¿Creéis que hay que pasarse el día bebiendo para escapar de la preocupación? Ese punto de vista es de una estupidez monumental.

¡Lieo forja amistades extraordinarias! Es decir, amistades que duran mientras las copas estén llenas. Como dice el antiguo refrán, «la amistad dura mientras hierve el caldero».[30]

La gente hace amigos de lealtad inquebrantable por medio de sus logros, no del vino.[31] La lealtad de un borracho es taimada. La amistad de un alcohólico es siempre de cristal. Confiad en mí, lectores: soy experto en la materia.

Así dice el libro de aquel maestro. Aquí me callo, ya que el resto no merece respuesta.

No ganaríais un juicio aduciendo ebriedad ni con Baco de juez y Cicerón de abogado defensor. El alcoholismo va acompañado de debilidad mental, vida desordenada, de una boca plagada de insultos, de una lengua resbalosa, del desprecio de los dioses, de la maliciosa envidia, de la pérdida de la reputación y del desastroso despilfarro del patrimonio, así como de la inclinación al crimen y la tendencia al vicio.

UN ÚLTIMO RUEGO A LOS JÓVENES PARA QUE EVITEN A EBRIEDAD

Una vez ha quedado claro que Ebriedad es un placer perjudicial y peligroso y origen de calamidades y desgracias, ¿cómo es que tantos jóvenes universitarios escogen echar a perder el don de la inteligencia por su causa? ¿Por qué, y lo pregunto en serio, les complace arruinarse el cuerpo con ella?

¿Por qué se complacen en echar a perder sus mejores años, ya de por sí breves, frágiles y pasajeros?

No, no, prometedores y jóvenes amigos, si enderezáis vuestra vida en esta etapa crucial, saldréis adelante. ¡Leed libros doctos y serios! ¡Hincad los codos! ¡Aprended lenguas extranjeras! Las Musas griegas han bendecido nuestra tierra y ella os ha regado con su abundancia. No importa cuánto os hayáis extraviado: el estudio de aquellos siglos de sabiduría máxima os devolverá a una vida de frugalidad. ¡La Musa florece de poesía! Fijaos en cuántos hombres en el mundo han alcanzado la fama gracias a ella. Tomadlos por compañeros en vuestra búsqueda de la respetabilidad. Evitad tomar copas indignas con gente indigna, porque nadie, una vez se consumen sus cenizas, se alza del vino y los alimentos y es ensalzado por las gargantas de los sabios.

Y para concluir, no seáis ciegos. No malgastéis el precioso tiempo que se os ha concedido sin lograr nada, como hasta ahora; honrad a vuestros inocentes padres, que tanto se preocupan por vosotros, no perdiendo el tiempo y aprovechando el dinero. No echéis leña al fuego: templad el vino con sobria agua. El origen de Baco, cuya madre murió carbonizada por un rayo, así lo recomienda. El ardiente Baco os incendiará el pecho derramando una cascada de antorchas en el alcohol. Si no queréis arder con ellas, diluid con agua fría el vino de vuestra copa. Las ninfas le salvaron la vida a Baco cuando se consumía entre las llamas del rayo. Habría muerto sin ellas. Desde entonces, le gusta alternar con las ninfas del agua. Si no seguís su ejemplo, beberéis solo fuego.

LIBRO 3

CÓMO VENCER EN LAS BATALLAS DE VINO

RESUMEN E INVOCACIÓN A BACO

Hasta ahora he defendido que beber con moderación es lo adecuado para los caballeros y he cantado las alabanzas de la sobriedad. Además, he tratado el tema de los borrachos desenfrenados, monstruos indignos y sinvergüenzas, y el de los infinitos problemas que acarrea la destructiva Ebriedad. Ahora, oh, Baco, si me das fuerzas, cantaré de esas batallas tuyas que se vencen merced al abundante fluir del alcohol. Cantaré de oponentes invencibles y de corazones que no se rinden por mucho que los debiliten botellas sin cuento. Asiente con la cabeza, oh, padre; no me amenaces con tus cuernos, por el contrario, retíralos e hincha las velas de mi poema con un viento favorable.

Pero primero, regala noble vino a mis sedienta Musa. Después de un trago, fluirán sin dificultad mil poemas.

ALISTANDO AL LECTOR: ENRÓLATE EN EL EJÉRCITO DE BACO Y VERÁS MUNDO

Empuñad las armas, reclutas, y armad de valor el corazón viril. ¡A mi orden, entablad batalla como valientes!

- ¡Por casco, ceñíos la frente de guirnaldas!
- ¡Que os caiga por el pelo el fresco rocío de la fragante agua!
- ¡Una botella por coraza,
- una enorme crátera por escudo,
- una copa por fiel espada!
- ¡Un cacillo por honda,
- un esbelto tirso por lanza,
- una jarra vacía por clarín!

Que el soldado de Marte pida armas a Vulcano: son armas dignas para el ejército de Baco. Así es como se entabla una batalla de vino de forma alegre y divertida y se sale de ella con trofeos rebosantes de rutilante alcohol. Con esas mismas armas conquistó Baco el Oriente y los pueblos de India, y con ellas domeña a sus súbditos.

Por lo tanto, si hay alguien con aguante y corazón atrevido en el pecho, si alguien está sediento y le gusta el vino, que se acerque y alce una copa con mano enérgica. Grandes recompensas esperan al vencedor de esta batalla.

¿QUIÉN PUEDE CONMIGO?

El que no esté dispuesto a salir de la palestra a cuatro patas que no espere igualarme en ella. Que quede claro que yo no huyo de nadie, ni de Firmo ni del mismo Bonoso, por muy emperadores de Roma que fueran.[1] Podéis creerme.

Si os atrevéis a invitarme a cenar y a beber, perded cuidado: mataré una copa tras otra. ¡Qué matanza, qué masacre de vino veréis con vuestros propios ojos si se os ocurre ofrecer armas semejantes a un borrachín como yo!

¡Si se atreve a desafiarme, perdóname, oh padre santísimo, venceré en húmeda liza hasta al mismo Baco! Soy un guerrero curtido. Combatiré hasta con el curda de Como.[2] No temo a los dioses ni a los hombres. Por si no lo sabíais, soy el famoso Oenophilo al que la Partia entera entregó su trofeo de vino. Ante mí se inclina hasta el mismísimo Novelio Tricongio,[3] orgullo de Milán de inmortal fama y niño bonito de Sileno, de las ménades y de los sátiros, que dejó boquiabierta a Ebriedad en persona con su aguante y la hizo huir aterrada.

Por lo tanto, el que quiera aprender el arte de beber y ser invencible, que me tome de profesor. ¿Decís que Fénix fue el maestro de Aquiles? Yo lo soy de Yaco y nadie antes que yo ha pronunciado esta cornucopia de arte.

DE NADA ME DESDIGO

Llegados a este punto, estaréis pensando: «Pero, ¿qué locura es esta, maestro beodo? ¿Por qué contradice la Musa lo que antes decías? ¿Qué palinodia es esta en la que tus palabras se dan la vuelta y revocan los mandamientos que nos recomendabas acatar con sobriedad devota? ¡Estas bravuconadas no son dignas de una Musa en sus cabales! Tu lengua torpe ha perdido el control a causa del vino. La Musa sobria es siempre coherente, y nunca canta fuera de tono. Hasta ahora, elogiabas la moderación en el comer y el beber y nos aconsejabas hacer de la sobriedad norte y guía de nuestra vida. Y ahora sales con fanfarronadas como: "¡Me muero por competir a ver quién bebe más! ¡Que dé un paso al frente el que esté dispuesto a acabar debajo de la mesa!", y sin que medie provocación, desafías al primero que pasa, seguro de que nadie podrá contigo. Menudo bravucón. La jactancia siempre se ha considerado un vergonzoso defecto. ¿A qué viene entonces,

Traso[4] arrogante, la jeta con la que alardeas ahora?».

Mi conducta no es irreflexiva, queridos novicios. Ni me desdigo de las reglas que antes prescribía, ni contradice la Musa mis previos consejos. El hombre debe poder jactarse del arte que domina. El experto debe enorgullecerse de su arte.

- Era justo y adecuado que Cicerón se ufanase de su retórica. Al fin y al cabo, era la gloria suprema del foro romano;
- la medicina permitió a Hipócrates llevar la cabeza bien alta. No eran falsos los elogios que cosechó con su arte;
- ¿Por qué iba Apeles a privarse de alardear, si su mano magistral superaba a todos los artistas?
- Hesíodo se enorgullecía con razón del arte gracias al cual aprendimos a labrar los campos;
- los abogados bien que presumen de sus habilidades;
- Ovidio ensalzaba sus propias letras.

A la vista de ello, ¿por qué me consideráis a mí un fanfarrón jactancioso por pavonearme del arte que mejor domino? ¿Por qué me negáis a mí ese derecho universal? ¿Por qué no voy a poder ejercerlo yo, pero otro sí?

LA SOBRIEDAD SIGUE SIENDO LO MEJOR

No os estoy diciendo que abandonéis la vía de la moderación y toméis los hábitos de la orden de la imprudente Ebriedad. Ya sabéis qué ideas se ajustan mejor a mi pensamiento. ¡Recordadlas! ¡Repetíoslas una y otra vez!:

- No bebáis más de lo que el cuerpo necesite,[5] y
- tenedle a la sobriedad un saludable respeto.

...PERO LA PRESIÓN PUEDE SER IRRESISTIBLE

¿Qué hacer si os obligan a beber cuando no os apetece? Primero os lo pedirán por favor, después combinarán promesas y amenazas, a veces incluso poniéndoos una espada en el pecho (como es costumbre entre nuestros borrachines principiantes de hoy, nuestros «centauros») mientras os dicen palabras zalameras. Con gente así, lo mejor sería que hablaran los aceros. En estos casos, llevarse una estocada es mejor que tener que beberse el vino.

¿Qué hacer cuando estamos cenando con caballeros que vacían copa tras copa con mayor liberalidad de la cuenta? ¿Escapar del trance a base de halagos? Eso sería de pésima educación.

A menudo, el estatus, la reputación y el prestigio del anfitrión que nos ofrece una copa es tan grande que no es posible decir que no. No es cuestión de enemistarnos con él, pues igual que nos agasaja es capaz de perjudicarnos. Pero tampoco hay por qué dejarse impresionar por bravuconadas como «ni las vacas y los camellos tienen mi aguante», pues tanto las unas como los otros no hacen más que lo correcto: siguen sus instintos, ya que, por supuesto, carecen de raciocinio. Pues si las vacas tuvieran uso de razón, bien podría ser que estuvieran a la par con los humanos. Y por espesos que sean, los imbéciles también. Pero las vacas no beben vino, que incita a seguir bebiendo, sino agua. Y decidme, ¿acaso el agua no sacia la sed rápidamente?

PRESIÓN DE GRUPO. DÓNDE ESPERARLA Y CÓMO RECONOCERLA

Respondedme a esta pregunta: ¿con qué frecuencia los invitados a una fiesta aparecen con una botella de vino de primera y obligan a beber al que no le apetece? Siempre que

- viajamos y alguien nos invita a su casa o
- viajamos por asuntos de negocios

alguien pretende obligarnos a beber cuando no nos apetece (¡y se ponen insoportablemente insistentes!). En cada comida hay una batalla de vino, y absolutamente todas las veces la cosa termina en bronca.

En serio, ¿qué almuerzo o cena no tiene una competición de este tipo? ¿En qué almuerzo nos libramos de la barahúnda de copas? Lo pregunto sinceramente. Hoy en día se bebe en exceso en cualquier pensión barata. El mundo padece una inundación de vino. Hace siglos que no hay una época tan borracha como la presente. Hoy en día se puede llegar muy lejos simplemente manteniéndose sobrio:

- Tipo n.º1: «¡Brindo por nuestra amistad!».
- Tipo n.º2: «¡Por conocernos mejor!».
- Tipo n.º3: «Amigo, rechazar un traguito es una falta de educación. ¡Vamos, tómate solo uno!».
- Tipo n.º4: (abunda en lo dicho por el anterior).
- Tipo n.º5: «¡En serio, no puedes negarte!».

A no ser que les sigamos la corriente y soportemos sus brindis, pensaríamos que sus críticas tienen algún fundamento.

Y para colmo, toda esta pantomima no es más que el calentamiento para la batalla propiamente dicha. Entonces es cuando llega el vino que tendremos que meternos como sea entre pecho y espalda.

LA TÍPICA BATALLA DE VINO

Imaginaos la siguiente situación:

- El tipo n.º1 vuelve a la carga; se bebe otra copa pues por algún motivo el turno ha cambiado de dirección (un golpe de dados suele ser el responsable de estos pequeños milagros).
- El tipo n.º2 quiere conocernos mejor, así que brinda por nosotros una y otra vez, y claramente
- los tipos duros que tenemos al lado no toleran que se les falte al respeto... No faltaría más.

- De pronto, se sienta a nuestra mesa un soldado. Lleva gemas brillantes en todos los dedos, la cabeza afeitada, un jubón rajado, cicatrices por todas partes y una pavorosa perilla.
    - A ver quién tiene el valor de rechazar sus invitaciones: ¡nos rompería la copa en la cabeza por faltarle al respeto!
    - Si bebemos a su ritmo, se picará con nuestro aguante, de modo que nos veremos agarrando a un tigre por la cola...

¿Mejor evitar la compañía y cenar solos, por mucho que nos guste alternar con la gente? Pues tampoco, porque la soledad nos va a salir más cara: el huésped que cena solo siempre será el más problemático.

POR ESTOS MOTIVOS, MI *ARTE DE BEBER* ES TAN NECESARIO

Visto lo visto, ¿creéis no necesitar este asombroso *Arte* para evitar estas batallas? Si como reclutas novatos que sois os ponéis a beber a lo loco con todo el mundo y conseguís mantener la cabeza en su sitio es que sois unos ases. Por lo tanto, quien os haya enseñado es todo un maestro. ¿O acaso sus enseñanzas son todo aire e inservible falacia?

Aunque se cuentan por millones las personas que pagarían una fortuna por conocer este *Arte* que os vengo enseñando, escuelas donde se aprenda a beber son muy difíciles de encontrar. Por un precio irrisorio dominaréis los principios fundamentales del arte, tendréis un profesor de toda confianza, y además cada lección será un arma a la hora de beber.

Incluso si nunca llegáis a darle uso, ¿qué tiene de malo tener un arma a mano? Llegará el día en que os haga falta, y si no tenéis espada, ¿qué vais a desenvainar? Los soldados siempre llevan armas, pero no se pasan el día usándolas.

Con todo esto lo que quiero decir es que prestéis mucha atención ahora que os pica la curiosidad por enrolaros a mi servicio.

EL TRUCO PARA GANAR LAS BATALLAS DE VINO

Tened en cuenta que es una guerra en dos frentes

Lo primero es lo primero. Por azar o por estrategia calculada ya estáis de juerga, y os toca beber o retiraros (como dicta la antigua ley). Quizá sea de noche o quizá de día, pero hay que aguantar y beber. Si sois listos, esforzaos sobre todo en tener las cosas planeadas de antemano. Cuando las copas se llenen de vino burbujeante y empiece la partida, libraréis una batalla en dos frentes, es decir contra dos bebedores:

- El primero es la persona que os desafía.
- El otro es la persona a la que devolveréis las copas vacías.
- El primero os atacará con sus armas (al beber);
- El segundo llevará la cuenta de las rondas que esquivéis (al beber).

Que ni se os ocurra meteros en una batalla de falerno contra más personas. No os hagáis los valientes. Ni Hércules osaría enfrentarse a dos enemigos al mismo tiempo.[6] No queráis ser más audaces que el hijo de Júpiter.

Escoged una víctima y desmadraos

Observad bien a los presentes y escoged a alguien. Una víctima. Un bobo al que soltarle toda la munición. Mientras pelea contra la garganta de un Aquiles, atacadle con la munición que os irá suministrando vuestra jarra llena de rojo Baco. Disparadle a él y solo a él. Él es vuestro enemigo y solo él ha de ser el blanco de vuestro fuego. Si dejáis fuera de combate a alguien así, seréis unos campeones y la gente alabará vuestra destreza porque

- El gran Héctor trajo más gloria a Aquiles que los otros mil troyanos que había despachado antes, y
- el objetivo de Héctor, hijo de Príamo, no era matar griegos sin ton ni son, sino vencer a los héroes más famosos. Despreció a los Tersites, pero siempre tuvo a sus caballos listos para enfrentarse a los Patroclos.

Por otro lado, nunca os enfrentéis a un grupo: el combate singular es ya bastante peligroso de por sí. Si estáis en inferioridad numérica, tendréis que dividir las fuerzas y ello os debilitará, pero el enemigo permanecerá concentrado y conservará el vigor. Si bebéis contra más de una persona, las rondas que asignéis no emborracharán a nadie, mientras que vosotros acabaréis totalmente ebrios muy rápido. Por lo tanto, retad a una sola persona:

- Si lo vencéis podéis desmadraros con la multitud,
- si perdéis, siempre os quedará la gloria de haber caído a manos de un Eneas.

Llevad la cuenta y no deis tregua

Para que vencer en el combate os cubra de gloria, seguid el siguiente consejo, que os hará felices y os brindará la victoria:

- Llevad la cuenta de lo que bebéis y de lo que servís al contrario, de modo que beba a la par que vosotros copa a copa. Sin concesiones.
- No le perdonéis un par de copas a un amigo. Exigid que se beba lo que os debe. Atosigadle, agobiadle, porque
    - Nuestro arte no consiste en el poder de beberse una enorme copa.
    - Nuestro arte no consiste en el poder de vaciar muchas botellas.
    - Nuestro arte no es trasegar copa tras copa ni enfrentarse valerosamente a

un lago de vino. Ni siquiera si tenemos el aguante de Bonoso de Roma. Ni siquiera si somos capaces de mandar a Firmo a la enfermería.[7]

El truco del arte de beber, su virtud suprema, es asegurarse de que el oponente bebe lo que nosotros bebemos ronda a ronda.

Prestad suma atención

Es fundamental mantener la concentración. Y aún mejor tener más ojos que Argos, de modo que podamos llevar la cuenta de las rondas que asignamos a cada cual y estemos siempre seguros de que el enemigo bebe lo mismo que nosotros. Hablo por experiencia: nadie dice la verdad cuando bebe, y si no andáis con pies de plomo os harán todo tipo de trampas. Es más fácil ver elefantes de color rosa que a un amigo que dice verdaderamente lo que ha bebido y no intenta hacer trampas con la cuenta de las rondas que debe. Confiad en mí: ¡SOY UN EXPERTO!

Los mentirosos no son los únicos a los que les conviene tener buena memoria. Para los bebedores empedernidos es incluso más importante. Por tanto, no permitáis a la mente olvidar nada: alzad en voz alta cada copa de falerno que os bebáis.

Poned al enemigo contra las cuerdas

Obligad verbalmente a vuestro oponente a igualar las rondas. Acosadlo sin compasión:

> Amiguete, acabo de beber. Te toca a ti. ¡Es para hoy! Estas copas están aquí esperando a que las vacíes. ¿Por qué tardas tanto? ¿Piensas terminarte algún día la que tienes en la mano?

Si no obedece con presteza, seguid atormentándolo. Recordadle la cuenta aunque no le falle la memoria:

> ¿Cuál de estos enormes decantadores es exactamente el que usas para desafiar a

la gente? ¿Y de cuál de ellos bebes ronda tras ronda con ansioso gaznate...?

El objetivo es destronar al oponente ofreciéndole alcohol, de modo que si no hacéis todo lo posible por que se beba las rondas que le tocan, vencerá el que no se beba las aguas del Leteo. El que insista en que le igualen las copas en lugar de confiarlas al veleidoso viento saldrá victorioso.

He visto a muchos enfrentarse a borrachines cuyo aguante no podían igualar. ¿Por qué llegaron a su límite antes que los demás? Porque no prestaron atención a la cantidad de vino que se estaban metiendo entre pecho y espalda. Respetando esta regla, costumbre y práctica, he vencido a mis enemigos y me he vuelto a casa con el trofeo una y otra vez. Respetadla vosotros también. Seréis invencibles y juraréis que mi *Arte* no tiene trampa ni cartón.

Bebed despacio

Que no os entren las prisas. No seáis como el idiota de Protesilao, que tanto apuro tenía por desembarcar antes que los demás aqueos. Apresuraos despacio al beber el burbujeante vino, pues de lo contrario no tardaréis en caer redondos y no será porque os venza un enemigo. Manteneos frescos y sed vosotros quienes acosen al exhausto. Sed los últimos en entrar en combate. Derrotar al exhausto es fácil. Creedme, la guerra de Baco no es una guerra relámpago. Vence la batalla el que se toma su tiempo. ¿No habéis visto a los jóvenes que se ponen a trasegar a lo loco ronda tras ronda de falerno, que es un vino que hay que beber con parsimonia, y acaban perdiendo el conocimiento? Parece que creen que el juego consiste en emborracharse ellos, en vez de emborrachar al oponente.

En las guerras en las que se derrama sangre de verdad, a menudo es aconsejable la premura. Gracias a esa estrategia, los generales cogen al enemigo desprevenido o lo masacran con un golpe de mano inesperado. Las guerras de vino, en cambio, se vencen despacio y con demora. El que se endilga copa tras copa con glotonería solo consigue hacer reír a los demás. Por lo tanto, si seguís mi consejo y bebéis despacio, juraréis que este poema mío dice la verdad.

Si veis a alguien pegarse lingotazo tras lingotazo, desafiadlo a beber falerno, pues el que bebe alcohol fuerte muy deprisa es dos veces más fácil de batir. Ahogar en su propio vino a quien bebe deprisa es sencillísimo: normalmente se ocupa de ello su autopercibida genialidad. Es como el soldado sin instrucción que carga estúpidamente contra los enemigos y los desafía a todos al mismo tiempo sin contar con refuerzos. Él solo, con su espada desnuda y su escudo blanco, es un peso pluma, un don nadie al que el enemigo derrota, y no puede culpar a nadie más que a sí mismo.

Para evitar este resultado, es fundamental apresurarse despacio. Hay que acunar el vino con labios cautelosos. No os atiborréis, traguéis como esponjas ni bebáis a grandes sorbos. Ebriedad derrota a los que beben tan rápido. Los hace vomitar indecorosamente. Los convierte en bufones.

Vaciad la jarra grande a sorbos pequeños. Parsimoniosamente. Dejad que los bravucones se atiborren. Cededles las primeras victorias, permitid que los de corazón celta ganen las primeras escaramuzas. La victoria final será vuestra. Entablad el combate con la mente puesta en el futuro y seréis invencibles.

Comed antes de competir

Una cosa más: no os saltéis el almuerzo y empecéis a beber con la lengua en ayunas y un estómago vacío que ruge de hambre. Si lo hacéis, os llenaréis de alcohol antes que el contrincante.

Lo primero, llenar bien la tripa. Lastraos con un sabroso almuerzo que sirva de base para el beber. Tomaos vuestro tiempo en la mesa, que nadie os meta prisa. Decidles: «Todavía no estoy lleno». El oponente se cansará de esperar y buscará a alguien con quien enfrentarse en los primeros asaltos. Mientras tanto, a vosotros, si os coméis un buen almuerzo antes de consumir alcohol, os irán entrando las ganas de beber de forma natural y agradable.

No deis cuartel

Entonces, atacad por sorpresa. Buscad las copas para que beba el contrincante, usad la adulación para engatusarle. Si lo veis dispuesto y con ganas de beber vino, seguid adelante. Empezad vosotros y no le permitáis retroceder ni un paso, pues podría aprovechar la ocasión para distraeros. Que una copa siga a otra. Procurad que haya alguien que lleve la cuenta. ¡Cambiad los cuencos por botellas! ¡No deis cuartel! ¡No hay prisioneros! Sed como la tormenta. Vertedle ronda tras ronda gaznate abajo. ¡Id a por todas!

Reconoced las señales de que la victoria está cerca.

Cuando tengáis a Proteo bien agarrado, apretadle las esposas y no le deis respiro. Estad atentos a que en el avance no aparezca alguien que os desafíe. Y cuando veáis las siguientes señales, pasaos a botellas enteras para aumentar la presión. Cuando veáis que el oponente

- está ya ahíto,
- dice que el falerno le revuelve las tripas y el rostro se le pone intensamente colorado,
- grita e insulta a los camareros y les acusa de servirle copas mayores que a los demás,
- se le atropellan las palabras y no termina las frases,
- vomita y pide ayuda a las camareras,
- bebe a ruidosos sorbetones,
- escupe el vino,
- babea alcohol y
- trata astutamente de derramar el vino (a las claras o a escondidas),

es que lo tenéis contra las cuerdas. Ya se le han acabado los bríos. Los alardes de antes han perdido el fuelle. Dadle más alcohol, agobiadlo. No tardará en rajarse.

APRENDED A JUGAR A LA DEFENSIVA

Si el oponente os toma la delantera y os atosiga y presiona, si os tiene rodeados de alcohol y las copas se os apilan en torno y las rondas se doblan y multiplican sin fin, si no os da oportunidad de recobrar el aliento o resistir, lo que hay que hacer, la estrategia a seguir, es romperle el impulso, recuperar la iniciativa y privarle del codiciado trofeo, o al menos provocar que la competición quede en tablas y batirnos en retirada.

Cuando entabléis un combate en el que sois inferiores y las copas se amontonen a vuestro lado, alcanzad al contrario fina y lentamente. No rechacéis las rondas que os ofrezcan, pues así, creedme, al final será él quien, cegado por su masculinidad, empiece a apresurarse.

Mientras tanto, vosotros le pediréis al camarero un gran cuenco del que ambos beberéis por turnos. Si se queja y rechaza el falerno que le ofrecéis y os dice que le debéis ya muchas rondas y que en vuestro turno habéis de beber más cantidad que él porque os toca devolvérselas, decid:

> Fíjate en todas las rondas que te he aceptado hasta ahora. Estaban hasta el borde y me las he bebido feliz y con ganas. ¿Qué problema tienes con este cuenco que te ofrezco modestamente? Faltarte al respeto cuando es mi turno sería de muy mala educación. Sería una rudeza y una barbaridad propia de escitas y getas.[8] No temas, que pienso beberme con las mismas ganas que antes las copas que te debo hasta alcanzarte.

No se atreverá a ser tan descortés y mostrarse tan inexperto como para rechazar vuestro vino así como así.

De este modo le habréis cambiado el rumbo y lo habréis desviado de la victoria a la que se dirigía. ¡Catapum! Habéis ganado tiempo para devolverle las rondas cuyo pago os exige con tanta premura.

Además, no hay peligro de que os vengáis abajo a causa de una botella consumida demasiado deprisa porque él todavía tiene que beberse dos rondas antes de que os toque de nuevo, la vuestra y la que os ofrecerá él a continuación. Mientras tanto, la suerte os dará ocasión de

- poneros a la cabeza y
- añadir de paso algún premio extra al trofeo y también
- conseguir la oportunidad de enfrentaros en una tercera ronda.

Si seguís este método con diligencia, y sabed que no hay otra forma, lograréis escapar cuando Lieo os ponga contra la espada y la pared. Esta estrategia os granjeará el trofeo. Ciertamente, con ella me he forjado mi reputación victoriosa.[9]

OJALÁ HUBIERA YO CONTADO CON MIS PROPIOS CONSEJOS CUANDO ERA JOVEN

¡Ojalá Júpiter me devolviera los años pasados! Aquella época en la que trasegaba enormes cantidades de vino, cuando mi cuerpo joven era duro como la roca y el tiempo no me había arruinado los músculos. Por entonces, la varonil juventud me permitía digerir mejor el vino. Volvía siempre a casa con un trofeo. De haber conocido mi propio método en aquella época, de haber contado con un profesor como yo, no habría dejado títere con cabeza en las batallas de vino. Nadie se habría cruzado impunemente en mi camino, ya fuera caballero o escudero. Me habría bebido la mar entera, habría vaciado cuantos lagos de vino y estanques de alcohol me hubieran ofrecido...[10]

Recordad a pie juntillas las reglas que os acabo de enseñar porque hacerlo puede salvaros. Los soldados se defienden con espada y escudo. Vosotros también necesitáis espadas y escudos para defenderos de las emboscadas del vino y estar preparados para devolver el fuego al contrincante.

OTROS CONSEJOS

Tened siempre un buen vino en casa

Cuando toca beber, tened siempre de centinela una botella de vino excelente (y no escatiméis en el precio): ese será vuestro escudo. No lo usaréis cuando compitáis con dos contrincantes a la vez, pero si aparece un tercero y os desafía, superaréis su vino aguado con vuestro vino puro. Dadle vino cuando os ofrezca vino, desenfundad vuestra espada y atravesad a ese que pretende atravesaros. Así lo espantaréis, así es como una espada bloquea a otra y así es como sacaréis un clavo con otro clavo.

Elegid cuidadosamente la estrategia

Grabaos a fuego el siguiente consejo en la mente (no es pequeña tarea): no aceptéis copa alguna de falerno cuando no sea vuestro turno o cuando aparezca como salida de la nada y os engañe. Igual que nadie puede librar una guerra en dos frentes, nadie puede beber en casa y en la ciudad. Podéis excusaros diciendo:

> ¡Aquí somos todos amigos y no puedo brindar con todos! Me da la sensación de que tenéis un plan secreto y os habéis confabulado contra mí para hacerme beber vino de alta graduación.

No les aceptéis una sola copa hasta descubrir qué traman. Bajo la apariencia de amistad, pretenden que acabéis debajo de la mesa para reírse a vuestra costa. Decidles:

> Dejaos ya de historias. Sé que tramáis darme vino de alta graduación. Pero desde ya

os digo que no soy rival para vosotros. No pienso enfrentarme a todos juntos. Solo a un idiota se le ocurriría entablar combate contra un enemigo superior en número. No obstante, se me ocurre una idea: bebamos en un gran corro, al estilo griego.[11] Solo así accederé a beber con vosotros.

Simposio: el estilo griego

Al beber de este modo, es decir, con los participantes obligados por cláusulas vinculantes, podréis defender vuestra posición sin dificultades. En este estilo, a cada uno le tocan las mismas rondas y todo el mundo bebe lo mismo. Con esta estrategia no os podrá distraer primero uno y luego otro y vuestro escudo parará todos los golpes. Pensadlo bien. ¿Cómo evitar sucumbir cuando estáis solos y los demás se han confabulado en vuestra contra?

(Por otro lado, si lo que queréis es ralentizar la siguiente ronda y retrasar la rotación de las copas, lanzad la vuestra al otro lado del círculo y golpead las botellas recién descorchadas.)

Por último, si queréis competir con reglas justas, obedeced las siguientes:

- nada de atajos,
- las copas irán siempre en orden dentro del círculo, y
- nada de saltarse o cruzarse los turnos una vez haya empezado el juego.

Por Dios que no conozco forma de beber más divertida. Así y solo así es como beben los amigos de verdad. Así es como bebe su Ceres[12] fermentada y sus potentes licores la buena gente de la húmeda Sajonia. ¡Qué pena que no haya vino en esa región! ¡Gente con tanto amor por la bebida merece conocer el vino, saborear el néctar de los dioses!

No compitáis con familiares

Aunque no tiene mucha importancia, como profesor vuestro que soy no quisiera que esta advertencia se me quedara en el tintero: igual que no aceptaríais nada de un yerno, no aceptéis el desafío de un pariente. Por mucho que insista, os llame maleducados u os acuse de tener el corazón de piedra.

No mediéis en las disputas

En una fiesta están prohibidas las peleas y discusiones, y allí donde corre el vino no debe instaurarse un tribunal de justicia. Por eso, si surge una pelea entre dos invitados, no asumáis vosotros el papel de juez del vino inadvertidamente. Que vuestro testimonio no declare a nadie culpable. No asignéis rondas de vino en nombre de otro, pues siempre se os devolverá el «favor» convenientemente, y se sumará a la carga de vino que ya llevéis sobre los hombros.

¡A LA CARGA!

Las reglas acerca del beber que he expuesto hasta el momento no son muy firmes, pero funcionan a la perfección. A vosotros os corresponde afinarlas a base de experiencia. Sin experiencia, de poco sirven los dogmas. En el ámbito de las bellas artes, la experiencia es más útil que las normas que enseñan en las escuelas. La experiencia perfecciona cualquier arte. Es lo que convierte en profesores a los profesores. Es un importantísimo recurso. ¿Quién podría ensalzarla con las alabanzas que merece? Si no asentáis y perfeccionáis vuestro arte con experiencia, acabaréis a menudo borrachos perdidos debajo de la mesa. A mí me ha pasado. Por desgracia, en no pocas ocasiones he visto como el arte no me asistía y acababa midiendo el suelo en medio del barro.[13] ¿El motivo? La falta de experiencia: es obvio que en el arte de beber las clases teóricas no son suficiente.

Por eso, para beneficiaros de mi método debéis vaciar muchas copas. Acostumbraos a beber y a aguantar grandes cantidades de alcohol para que no os desmayéis a la tercera ronda. Seguid mi consejo y aprended a beber gradualmente: seis copas hoy, mañana diez. Si desarrolláis tolerancia de manera metódica, hoy podréis manejaros con un ternero y mañana os enfrentaréis con un toro. No utilicéis falerno de baja graduación o vino aguado para dominar lo básico. ¡Atreveos con los vinos con cuerpo! Si los aguantáis, aguantaréis también los ligeros caldos que anidan y crecen a orillas del Neckar.

Y bebed ahora que vuestro cuerpo rebosa de viriles energías y las rodillas os funcionan como Dios manda. No dejéis las batallas de vino para cuando seáis viejos y os mováis con lentitud. ¡Sois soldados! Cuanto más viejos seáis, menos en forma estaréis.

No se puede ganar siempre

Añadiré que no daréis mala fama a este *Arte* ni mal nombre al profesor que os lo ha estado enseñando con alegría por salir derrotados en una batalla. ¡No se puede ganar siempre! El de Baco es un juego tan azaroso como el de Marte. A veces el vino se la juega a sus favoritos:

- Aníbal era un experto en armas y en el arte de la guerra, pero no siempre derrotaba a su enemigo y le arrebataba la armadura. El cartaginés solo venció a los generales romanos y disfrutó de los favores de Marte en las aguas cristalinas del lago Trasimeno.

Por muy expertos que seáis en mi *Arte*, no esperéis salir siempre victoriosos ni por siempre.

...Así que quizá haya que hacer trampas

Es más, si notáis que mi *Arte* y vuestras propias fuerzas os fallan, tendréis que hacer trampa para compensar los defectos del *Arte*, aunque sea algo que no apruebo, pues quien hace trampas al vino también se las hace al honor.

Dicho esto, si veis que los demás recurren a los trucos y las trampas, haced uso de los vuestros.

Las leyes de Baco nos permiten devolver trampa por trampa, exactamente igual que César nos permite combatir a la fuerza con la fuerza:

- No es indecoroso timar a un timador.
- Al cretense mentiroso se le combate con mentira.[14]

¿Qué nos impide vencer a un lapita salvaje con la astucia o reforzar el vino para derrotar a un feroz centauro? Alejandro Magno rechazó una victoria fácil al negarse a atacar de noche al enemigo. Vosotros, en cambio, tomad como lema las palabras de Corebo y considerad que ganar haciendo trampas es digno y glorioso. ¡Reforzad el vino! «¿Qué importa el engaño o la virtud mientras se derrote al enemigo?»[15]

Cómo hacer trampas

Existen mil formas de engaño. Podéis poner de vuestra parte al camarero con un soborno o unas cuantas promesas secretas antes de comenzar la competición:

- Convencedle de que sirva bebidas fortísimas a los demás mientras que a vosotros os llena la copa de bebidas inofensivas cambiando discretamente el vino por agua.
- Haced que os sirva vino de baja graduación mientras que los demás trasiegan botella tras botella de caldos añejos. Que los vinos viejos se los beban los machotes. Siempre que podáis, escoged vinos del año.
- ¿Hay vino dulce? Bebedlo siempre que podáis (creedme, el vino dulce no os nublará tanto las entendederas).
- Si por el contrario los contrincantes prefieren vino del año, llenadles discretamente las botellas con caldos añejos. Si os pillan, echadle la culpa al camarero...
- Id a orinar con frecuencia. De este modo ganaréis tiempo para que alguien derrame la copa que os toca beber, o para que a vuestro oponente se le olvide vuestro turno. (Yo mismo me he «bebido» muchas rondas saltándome el turno así).

No mencionaré muchas más trampas y engaños permitidos por nuestro *Arte*, pero...

Un clásico
Si queréis jugársela bien jugada a los invitados de una fiesta a la que llegáis cuando está en su punto álgido, lo primero

- Rechazad las copas que os ofrezcan. Decid que no os apetece.
- Fingid estar enfermos. Es buena idea parecerlo, no solo fingir. Os encantaría «probar el vino, qué amable de vuestra parte ofrecérmelo... Pero es que necesito recuperarme de este catarro... No me queda más remedio que hacer un poco de dieta para no recaer».

Con estas excusas, solo alguien con la educación del cíclope de la *Odisea* os obligaría a beber.

Más tarde, cuando los invitados estén ya entonados, haced que les sirvan un buen vino y con voz tranquila decid:

Amigos, no quiero que me toméis por descortés, así que, aunque no me encuentro muy bien, me gustaría brindar a vuestra salud con esta copa de burbujeante falerno. Es un regalo de amor fraternal.

Con un brindis como este creerán de buena gana que os habéis curado de vuestra «enfermedad» y demás «achaques». Este truco sirve también para evitar el falerno, y en cualquier ocasión que el vino no os siente bien.

La retirada
He recurrido a este truco muchas veces. De hecho, aún lo uso cuando estoy muy borracho. Cuando me siento ya a punto de desmayarme y las rondas me han dejado el cuerpo abotargado e inútil y he consumido las fuerzas bebiendo y no hay esperanzas de recibir ayuda, entonces me escabullo discretamente de la vinosa palestra con pie torpe, librándome así de las furias del vino. He escapado de las fauces de la muerte apenas vivo, pero a salvo

de una estocada mortal, y no sin arrebatarle a mi contrincante el ansiado trofeo, que se habría llevado triunfante y muy a mi pesar de no haberme dado a la fuga.

Nada os detiene de seguir el ejemplo de vuestro maestro y él no quisiera que os avergonzarais de huir en secreto. ¿No conocéis el caso de Demóstenes, el gran orador de la Atenas clásica? Él nunca se avergonzó de que le criticaran por haber huido de la batalla contra los macedonios. De hecho, fue muy elogiado por ello, pues el que huye de la lucha vive para librar la guerra de Baco otro día. También vosotros debéis salir pitando antes de cometer alguna tontería y acabar siendo objeto de las burlas de los invitados.

Moraleja: cuando os veáis privados de la posibilidad de salir victoriosos, lo mejor es que uséis la energía que da el vino para poner tierra de por medio. Así nadie podrá alardear de haberos vencido y gritar «¡Cayó como un pardillo víctima del alcohol!».

CÓMO EVITAR LA RESACA

¿De qué sirve tratar de machacaros con ideas infantiles y formas de mantener la sobriedad? ¿No sería mejor daros un resumen de mis reglas de modo que aprendáis a beber como Dios manda y salgáis siempre victoriosos? Bien, pues eso haré, hijos míos. No os tendré más tiempo en ascuas, ya que siempre bebéis hasta perder el control.

La amatista

Cuenta la leyenda que entre las piedras preciosas de Oriente hay una de tonos morados cuyo nombre procede de sus propiedades: sirve para mantener a raya a los borrachos (*methes*, en griego) y curar la resaca. Los latinos la llaman por su nombre griego, *amatista*, y es una gema más deseable que el tesoro de Giges.[16] ¡Compradla por lo que os pidan! ¡Adornaos con un anillo de amatista! Si es cierto lo que se cuenta, tal es su poder que cuando bebáis os servirá de *anti-methista*. Esta piedra preciosa es guardiana de la sobriedad eterna y enemiga de Ebriedad, de cuyo culto debéis huir como de la peste. Es la favorita de los reyes del África subsahariana y de la India. Con ella alaban al vino constante y satisfactoriamente y sin dolores de cabeza.

Alimentación

Los que no puedan conseguirse una amatista a causa de su precio recurrirán a fármacos y drogas que surtan un efecto parecido. Hay muchas formas de estimular el consumo de alcohol; los alimentos nos ofrecen diversos remedios para ahuyentar a Ebriedad:

- Los rábanos son una medicina barata. Comerlos antes de beber ayuda a disipar los efectos de Ebriedad.
- El repollo crudo, enemigo del orégano y de los vinos de baja estofa, previene los excesos de Ebriedad.
- También el cebollino mitiga los efectos de Ebriedad.

- La cebolla en ayunas mantiene a raya a Ebriedad.
- No son vanos los elogios que se dedican al sabor de la almendra amarga.
- Antes de beber es buena idea comer pulmón de ágil ternera a la brasa.
- Las avellanas, creedme, son igual de eficaces.
- Los higos secos os mantendrán sobrios, aunque los verdes producen sed.
- Está demostrado que el azafrán administrado correctamente es beneficioso.
- Hay quien no duda en mascar cicuta antes del alcohol, pero es una costumbre muy peligrosa. ¡Que las «medicinas» como esta se abatan sobre nuestros enemigos!

Os irá mucho mejor con remedios más sencillos:

- Recordad contener al feroz Lieo con vasos de agua fría (que siempre es buena idea en todo caso). Mitigaréis los efectos de la borrachera,

pues el frío del agua aplaca las llamas del alcohol.
- No deseo hablaros de drogas para prevenir la resaca elaboradas con pico de golondrina. No os habituéis a poneros semillas de verdolaga bajo la lengua y no bebáis el agua de la fuente de Clítor.[17]
- Recordad siempre tomar una comida copiosa y bien especiada. ¡Pero, ojo, novicios, no la engulláis como pavos! Las especias aumentan el efecto de los vinos, incluso de los más débiles: ¿qué creéis que sucederá con los fuertes?

La profesión médica al completo discrepa de mí en este punto, pero yo sé por experiencia que todo lo que he dicho es cierto. La experiencia me ha hecho más sabio que cualquier médico, pues también ellos aprenden solo por experiencia.

ÚLTIMOS CONSEJOS

Para terminar, añadiré unas cuantas reglas más a lo ya dicho. Tenedlas en cuenta cuando estéis entre copas:

- No entabléis combate con mujeres y menos aún con viejas borrachas.

El motivo es que las mujeres que beben tienen un aguante inverosímil. Cuando empiezan con el vino son capaces de avergonzar al mismo Baco. Son audaces como las amazonas y vencen a cualquier varón que se les ponga por delante. Incluso si las derrotarais, la victoria no os reportaría gloria alguna. Vencer a una mujer no tiene mérito, pero un hombre vencido por una mujer se convierte con razón en objeto de mofa y escarnio general:

- Aquiles no obtuvo mucha fama por vencer a Pentesilea, la reina de las amazonas.

- Eneas fue más astuto: se negó a liquidar a Helena de Troya, cosechando con ello la ruina de su patria.

En estas batallas, novicios míos, lo mejor es seguir el ejemplo de Eneas, hijo de Venus, que el del furioso Aquiles.

Una cosa más. ¿Queréis evitar quedar como idiotas y libraros de los eternos problemas del beber? Pues en tal caso procurad no salir de casa ya borrachos. No salgáis hasta que hayáis dormido la mona y estéis sobrios de nuevo.

Tomad, hijos míos, cuanto os he dicho como los principios fundamentales del arte del buen beber. Cuando los dominéis, os daré más. Baco no me permite revelaros lo que aún no podéis controlar. Lo que queda es para los oídos de los adultos, no de los jovenzuelos.

CODA: ENTENDED EL FIN QUE PERSIGUE ESTE LIBRO

En este pequeño poema mío me he estado haciendo el inmaduro, pero espero que comprendáis el objetivo que persigo con ello. Pensé que sería divertido hablar en tono ligero y jocoso, y os ruego que os toméis la obra a broma. Espero no tener que vérmelas con los nativos de Rumanía o los icebergs del Mar Negro por su causa.[18] No es mi objetivo enseñar a nadie a emborrachar muchachas o seducir a la esposa del vecino.[19] Mi *Arte* no pretende celebrar el odioso crimen de la violación o los líos de faldas. No enseña a besar, más allá de los inocentes besos que hay que plantar en las copas rebosantes de Lieo. En mi poema no hay erotismo ni sexo ilícito. No relata mi Musa historias picantes. He hablado de juergas sobrias, del consumo responsable de Baco y, sí, de vez en cuando también de lo divertidas que son las batallas de vino cuando son limpias. No merezco que se me condene injustamente. No estoy a favor de la ebriedad ni de las curdas incontroladas. Son un error.

Que tampoco me cuelguen el sambenito de alcohólico a causa de este vinoso poema. ¡La borracha es mi Musa, no yo: yo llevo una vida sobria! Es cierto que prefiero el vino al agua, pero ¿quién puede condenarme por ello?

MALDICIÓN PARA QUIEN NO LO ENTIENDA

A todos aquellos colmados de odio que no tienen escrúpulos a la hora de criticar mi *Arte* y destrozarlo entre sus mandíbulas: por la presente, no os deseo mal alguno ni peor remordimiento que el que menciona Ovidio en su *Ibis*. Eso sí, espero que Yaco no se digne jamás a dedicaros una sonrisa y brindaros los placeres del buen vino ni una sola vez en vuestra vida.

- Que el Baco que os metáis en esa estúpida y obscena boca vuestra no os cause placeres ni alegrías, so bastardos.
- Que no encontréis néctar ni líquido alguno cuando la sed os atenace.
- Que aplaquéis la sed con vino peleón y lleno de posos.
- Que jamás probéis un vino de calidad ni un delicioso falerno.
- Que no bebáis más que vino picado y enmohecido.
- Que mientras vuestros amigos beben, ríen y se divierten, vosotros estéis solos en una mesa, despreciados, taciturnos, chirriando los dientes de celos mientras la sedienta envidia os tortura los labios.
- Que ménades y sátiros os descuarticen y mutilen horriblemente como hicieron las tebanas con Penteo.
- Y que vuestros huesos desperdigados no descansen en la sepultura, eso os enseñará a criticar rabiosos mis ligeras bromas.

CONCLUSIÓN

¡Se acabó lo que se daba! Servidle vino al maestro, jovencitos. No os pido más que eso y que siempre que andéis por ahí practicando mi *Arte* tengáis un momento para acordaros de mí.

FIN

NOTAS

Introducción

1. National Institute on Alcohol Abuse and Alcoholism. 2019. En Levine, 1978.

2. Epístola 95:21.

3. Johnson, 1989, p. 284. En 2017 los alemanes consumían 20,9 litros per cápita (BSI n.d.).

4. Ovidio: Hedjuk, 2014. Hamaxurgus: Muck, 1879, p. 400. Comparar v. 4 con vv. 1:15 y 1:951, y v. 6 con 3:919-926 de *El arte de beber*.

5. Wilhemi, 2015.

6. Obsopoeo, 1540, p. 278-279; comparar con *El arte de beber*, vv. 1:73-148.

7. Jegel, 1940, p. 81.

8. MBW 490, p. 468:3: *ultro ipse proprio scelere quaerit alienationem*; MBW 489, p. 466: *homine non simpliciter furioso*; cartas fechadas en 1526, un año especialmente difícil para él. (Kobler, 2014, p. 33; Fontaine, 2019).

9. Camerarius, 1568, S7^v.

10. Camerarius, 1568, S9^v-T2^r.

11. Obsopoeo dejó dos poemas griegos de Camerarius en cada edición. Su poema latino aparece en la p. 2.

12. Comparar con *El arte de beber*, 3:931-932.

13. Muchos de estos epigramas pasaron a formar parte de la ampliación que Obsopoeo llevó a cabo en la segunda edición del libro 1 de *El arte de beber*.

14. MBW 502:3, pp. 495-496 (1526).

15. Simonsfeld, 1902, pp. 566-568.

16. Obsopoeo, 1539, A4^r, 1-2 y 11-14.

17. Johnson, 1989.

18. 1536 = VD16 O 808; 1537 edición = VD16 O 809. Reimpresiones: Wilhelmi, 2015. En alemán: Wickra, 1537; en inglés: Simpson, 1945. Ninguna traducción ha sido de utilidad en la construcción o interpretación del texto.

Libro 1. El arte de beber de manera prolongada y con discernimiento

1. El tema de beber en casa se trata en vv. 79-184; el de salir a beber en vv. 197-458, y los eventos sociales a partir de v. 467.

2. Antiguo juego de palabras entre *vivere* (vivir) y *bibere* (beber). Los romanos confundían una palabra con la otra cuando estaban borrachos.

3. Juego de palabras entre *sinus* (seno o regazo) y *sinum* (copa). Comparar con v. 102 y ver Introducción.

4. En la segunda edición Obsopoeo intercala seis versos innecesariamente misóginos que no reproducimos en la presente edición.

5. Tibulo, Elegía 2:1.

6. Siro (sirio) es el típico nombre de los esclavos en la comedia romana.

7. El nombre típico de los fanfarrones en la literatura latina, sobre todo a partir de *El eunuco* de Terencio.

8. Seguramente rechazaban el dogma de la transubstanciación y consideraban que el cuerpo y la

sangre de Cristo eran simplemente pan y vino. Es posible que Obsopoeo le dé un sentido levemente irónico al texto.

9. Es decir, que no creen en la presencia de Cristo en la Eucaristía.

10. Personaje de *El eunuco* de Terencio (v. 105).

11. El texto dice literalmente «una muda Amycla». Amycla fue una antigua ciudad cerca de Roma en la que regía un voto de silencio tan estricto que fue la causa de su destrucción. Las primeras «cofradías griegas» en la antigua península Itálica eran sectas pitagóricas cerradas compuestas por voluntarios (tanto hombres como mujeres). Para pertenecer a una de ellas había que pasar por un periodo de prueba, una iniciación, y una serie de rituales y misterios. En pocas palabras, las sectas pitagóricas fueron las primeras fraternidades y sororidades universitarias de la historia.

12. Los personajes de la Roma clásica con fama de alta moral se convirtieron en estereotipos.

13. *Andria*, 66. Estereotipo a partir de entonces.

14. Obsopoeo juega dos veces con los dos significados de la palabra *sapere* (saber [conocimiento] y saber [tener sabor]).

15. *Odisea*, vv. 4219-4221. En la segunda edición, Obsopoeo intercala 269 versos de ejemplos para ilustrar la disputa en los versos 825-826, la mayoría de los cuales proceden de la Antología Griega. No los he incluido porque rompen el ritmo del texto.

16. Es decir, el sentido del humor.

17. Es decir, las copas de vino no obligatorias de acuerdo con las reglas del juego. El libro 3 trata casi enteramente del tema de los juegos de beber.

18. Femio: *Odisea*, libros 1 y 23. Demódoco: *Odisea*, 8; Iopas: *Eneida*, 1.

19. *El arte de amar*, vv. 1595-1596.

20. *El arte de amar*, vv. 1589-1590. Comparar con 1903-1904 y 2627-2628.

21. *Eneida*, 1697-1756. Las citas son de 1738-1739 y 1747.

22. *Ilíada*, 9202-9203.

23. *Ilíada*, 9224-9226.

24. Juego de palabras entre los dos significados de *merum* (vino y simple).

Libro 2. Beber en exceso. El aspecto de los alcohólicos.

1. La historia de estos marinos se narra entre otras obras en *Las metamorfosis* de Ovidio.

2. Proverbio latino.

3. Como la voz griega *methes* y la latina *ebrietas*, ebriedad significa tanto borrachera como alcoholismo. Obsopoeo juega varias veces con esta ambigüedad (especialmente en los vv. 2811-2870).

4. Esta pintura nunca ha existido. Para esta alegoría de la adicción y el alcoholismo Obsopoeo se inspiró en *El jardín de las delicias* del Bosco y en las recreaciones renacentistas de las obras de Apeles, entre las que se incluyen las dos Venus mencionadas (la *Venus Anadiomena*, imitada por Tiziano hacia 1520 y la *Afrodita de Cos* imitada por Botticelli en *El nacimiento de Venus* hacia 1480) y *La calumnia de Apeles*, que Botticelli recrea a partir de una descripción de la *Alegoría de la Calumnia* de Apeles descrita por Luciano de Samósata en su diálogo al respecto.

5. Alusión a un famoso cuadro perdido de Pausanias (ver Pausanias 2:27.3) también mencionado por

Camerarius en su poema griego introductorio (no reproducido en la presente edición).

6. Gracias a Sophia Evans por esta interpretación (una alusión al juego en la que las gemas son los dados o las joyas perdidas en las apuestas, más precisa que «cabras de ocho patas vomitando gemas»). Los burros de la siguiente frase son los caballos arcadios mencionados unos versos más arriba.

7. El tirso es la vara ritual de hinojo coronada por una piña que portan Baco y sus devotos.

8. Plutarco, *Vida de Demetrio*, 1:4.

9. 2109-2110, la alegoría de Apeles con la sendero abarrotado de Ebriedad.

10. El primer caso de adicción registrado en la literatura occidental. En el libro 9 de la *Odisea*, los compañeros de Odiseo se convierten en adictos al loto, un narcótico. Las sirenas en el canto XII de la *Odisea* son el estereotipo clásico de las «malas influencias»: cantan encantadoras canciones que conducen a la perdición a quien las oye pero no les afectan a ellas.

11. No se refiere a Baco sino al Dios de la Biblia a través de Noé (Génesis 9:20).

12. Comparar con 2149-2150.
13. Juego de palabras entre *Germanus* (alemán) y *germanus* (hermano, amiguete). Ver Introducción.
14. Comparar con 2196-2197.
15. Ateneo 10.427f, «los que hablan en refranes bien dicen que el vino no tiene timón».
16. Comparar con 2202.
17. Los monjes de la abadía de Heilsbronn.
18. Según el folklore romano los arcoíris extraían agua del suelo y la transportaban a las nubes.
19. 2519, se refiere al verso 201.
20. Epístola 1.ª a los corintios 6:10.
21. Comparar con 2195.
22. Comparar con 1952.
23. *Ilíada*, v. 1225, *oinobares*.
24. En el cuadro de Apeles, vv. 2223-2242.
25. Comparar con 2207.
26. La Guerra de los campesinos alemanes de 1524-1525.
27. Vino de Falerno. Comparar con Polibio 3:90.11.

28. En el doble sentido de que la muerte es el final del alcoholismo y el objetivo o fin del alcoholismo es la muerte.

29. Obsopoeo intercala esta digresión en la segunda edición para responder a la *Declamatio in laudem ebrietatis* de 1526 de Christoph Hegendorger (1500-1540), un maestro de escuela de Leipzig que pertenecía a su círculo. Las citas que le atribuye no son exactas.

30. *Fervet olla, amicitia vivit.*

31. Comparar con 2.653.

Libro 3. Cómo vencer en las batallas de vino

1. Usurpadores del siglo III, el primero de ellos famoso por su aguante en las batallas de vino, y el segundo por su aguante con la bebida (Historia Augusta *Firmus saturninus Proculus et Bonosus*).

2. Dios de la juerga.

3. Novellius [sic] Torquatus de Milán (siglo I d.C.) era capaz de beberse 7,5 litros de vino de un solo trago, de ahí su apodo de *tricongius*, una medida

romana equivalente a ese volumen. Plinio El Viejo habla de él en *Historia natural*, 14.

4. Ver Libro 1, nota 7.

5. Comparar con 1952.

6. Proverbio griego. Ver *Eutidemo* de Platón, 297c.

7. Bebedores legendarios de la antigua Roma.

8. Dos estereotipos de salvaje de la antigua Roma.

9. «Vincent» significa victorioso. Desafortunadamente, los versos son completamente ambiguos. La traducción es lo más aproximada posible.

10. Aquí viene un tedioso delirio febril que podría titularse *la balada de Cypellomachus y Chandopotes*. Consiste sobre todo en juegos de palabras con los distintos nombres griegos de los recipientes para beber, por lo cual lo he omitido.

11. El simposio griego.

12. Cerveza. (Ceres es la diosa de los cereales y el trigo.)

13. Obsopoeo altera una frase de la *Aulularia* de Plauto (230) que evidentemente se convirtió en un proverbio. Ver Introducción.

14. «Los cretenses son unos mentirosos», proverbio griego.

15. *Eneida*, v, 2390.

16. Rey de Lidia cuyo anillo mágico le permitía hacerse invisible (Platón, *La República* 2:359a-2:360d).

17. Fuente mágica de la Arcadia (*Las metamorfosis*, Ovidio, 15:322-323).

18. Según se cuenta, Ovidio habría sido desterrado a esta región por escribir cierto atrevido poema; ver Hejduk 2014.

19. Como hace Ovidio en *El arte de amar*.

BIBLIOGRAFÍA

BSI n.d. «Per Capita Consumption of Wine in Germany from 2008 to 2017 (in Liters)», https://www.statista.com/statistics/508812/wine-per-capita-consumption-germany. Acceso 25 de septiembre de 2019.

Camerarius, J., *Libellus novus, epistolas et alia quaedam monumenta doctorum superioris et huius aetatis complectens*, Lipsiae, VD16 C411, 1568.

Fontaine, M., *John Placentius: The Pig war*, Paideia Institute Press, Nueva York, 2019.

Hejduk, J. D. (tr.), Ovidio: *The offense of Love: Ars Amatoria, Remedia Amoris and Tristia 2*, University of Wisconsin Press, Madison, 2014.

Jegel, A., «Der Humanist Vinzenz Heidecker, gen. Obsopoeus. Ein Beitrag zur Geschichte des süddeustchen Humanismus», en *Archiv für Kulturgeschichte*, 30:2784, 1940.

Johnson, H., *Historia del vino*, Blume, Barcelona, 2008.

Kobler, B., *Die entstehung des negative Melanchthonbildes: Protestantische Melanchthonkritik bis 1560*, Mohr Siebeck, Tubinga, 2014.

Levine, H. G., «The Discovery of Addiction: Changing Conceptions of Habitual Drunkenness in America», en *Journal of Studies in Alcohol*, 15: 493-506, 1978.

MBW = Melanchthon, P., Heinz S. y W. Thüringer, *Melanchthon Briefwechsel: Kritische und kommentierte Gesamtausgabe*, vol. T 2 (1995): Texto 255-520 (1523-1526), Stuttgart-Bad Cannstatt, Frommann-Holzboog, 1977-2016.

Muck, G., *Geschichte von Kloster Heilsbronn von der Urzeit bis zur Neuzeit*, vol. 1 (de 3), Beck, Nördlingen, 1879.

National Institute on Alcohol Abuse and Alcoholism (página web). «Alcohol Use Disorder», https://www.niaaa.nih.gov/alcohols-effects-health/overview-alcohol-consumption

Obsopoeo, V., *Diodori Siculi Historiarum Libro Aliquot, qui extant*, Joannes Oporinus, Basilea, 1539.

—, *In Graecorum epigrammatum libros quatuor Annotationes longe doctissimae*, Brylingerus, Basilea, 1540, VD16 O814.

SIMONSFELD, H., «Einige kunst-und literaturgeschichtliche Funde», Sitzungsberichte der Philosophisch-Philologischen und Historischen Classe der K.B., Academia de Ciencias de Múnich, 1902, 564-657.

SIMPSON, H. F., (tr.), «*The Art of Drinking*: Three Books by the author Vincentius Obsopoeus the German, translated from the Latin», en Elvin Morton Jellinek, «Classics of the Alcohol Literature: A Specimen of the Sixteenth-Century German Drink Literature-Obsopoeus' *Art of Drinking*», en *Quarterly Journal of Studies on Alcohol* 5:647-700, 1945.

SATADTER, P. A., «Special Effects in Plautine Dialogue *Miles Gloriosus*, III, ii», en *Classical Philology* 63:146-147, 1968.

VD16 = *Verzeichnis der im deutschen Sprachbereich erschienenen Drucke des XVI Jahrhunderts*, Hiersemann, 1983.

WICKRAM(M), G. (tr.). *Die Kunst, wie man recht trincken soll nit dass man Tag und Nact werd voll. Die biecher Vincentii Obsopei: Vonn der kunst zu trincken*, Friburgo de Brisgovia, 1537 (reimpreso en Colonia, 1891), VD16 O812.

WILHEMI, T., «OPSOPOEUS, VINCENTIUS» en *Frühe Neuzeit in Deutschland 1520-1620, Literaturwissenschaftliches Verfasserlexicon*, vol. 4, De Gruyter, 2015, 664-673.